그래픽 노블로 읽는

서양 과학
이야기

쉽고
재미있는
인문학 ②

그래픽 노블로 읽는

서양 과학
이야기

글·그림 인동교

시간과공간사

왜 서양 과학사인가?

진짜 히어로 이야기

칼 세이건의 『코스모스』에는 막대기 두 개로 지구의 둘레를 알아낸 고대 과학자 에라토스테네스의 이야기가 나온다. 그가 측정한 방법은 단순하지만 현대의 정밀한 측정 도구를 사용하여 계산한 값과 오차가 거의 없을 정도로 정확했다. 고대인들은 왠지 비과학적이고 어설플 거라 생각했는데, 에라토스테네스의 발상은 그야말로 경이로웠다.

에라토스테네스의 이야기에 매료되어 읽어 내려간 『코스모스』에는 코페르니쿠스, 케플러, 브라헤, 뉴턴에 이르기까지 수많은 과학자가 어떻게 고대 자연철학을 뒤엎고 근대 과학의 문을 열어 우리에게 지금의 과학 문명사회를 가져다주었는지 흥미로운 이야기가 가득 펼쳐져 있었다.

2000년 동안 불문율이라 여겨졌던 아리스토텔레스의 이론에 의구심을 가진 과학자들이 직접 관찰하고 측정한 데이터를 기반으로 용감하게 도전장을 내민 이야기에서 마치 절대적인 힘을 가진 타노스에 대항해 각자의 무기로 도전장을 내민 히어로들의 이야기를 다룬 영화 '어벤져스'의 희열과 통쾌함이 느껴졌다. 어쩌면 그들은 과학 문명을 빠르게 앞당긴, 현실에 실재하는 '진짜 히어로'일지 모른다.

히어로의 무기

학교 현장에서 학생들에게 지구의 자전, 공전을 가르치고, 이산화탄소 발생 실험을 함께 해 보았지만 과학적 이론과 실험 이면의 역사적 배경, 가치에 대해서는 알지 못했다. 그렇기 때문에 단편적인 지식으로만 과학을 가르칠 수밖에 없었다. 그러나 『코스모스』를 시작으로 다양한 책을 읽으며 서양 과학사를 공부한 후에는 교과서의 실험과 과학 이론이 역사적 배경과 함께 보이기 시작했고, 그 배경과 어우러진 과학은 더 멋져 보이고 더 흥미롭게 다가왔다.

한참 마블 영화에 빠져 있던 딸아이가 '타노스의 건틀렛'과 '토르의 묠니르' 레고를 조립하면서 영화의 서사를 상기하고 즐거워했던 것처럼, 나 역시 과학 영웅들의 무기인 다양한 실험과 이론들을 교과서에서 다시 만날 때마다 흥미진진한 서양 과학사를 떠올리며 즐거워할 수 있게 되었다.

내가 서양 과학사에 매료되어 과학을 달리 보게 된 것처럼, 많은 이들이 『그래픽 노블로 읽는 서양 과학 이야기』를 읽으며 더 재미있고 쉽게 과학에 다가갈 수 있기를 바란다.

끊임없이 '과학하라'

서양 과학사를 정리하면서 과학의 발전은 세상에 대한 호기심에서 시작되어 다수의 지배적인 통념 사이를 어렵게 뚫고 나오는 과정임을 깨달았다. 갈릴레오 갈릴레이는 종교의 압력에 굴하지 않고 지동설을 옹호하는 관찰 결과를 책으로 출판했고, 베살리우스는 주변의 야유와 비판 속에서도 인체를 직접 해부하고 관찰한 사실을 세상에 알렸다. 다수의 비난과 위협을 감수하며 소신을 굽히지 않은 근대 과학자들의 용기가 현재의 과학 문명을 선물한 것이다.

2020년 한국 영화 '기생충'이 제92회 아카데미 시상식에서 각본상, 감독상, 작품상을 거머쥐며 세계를 깜짝 놀라게 했다.

"가장 개인적인 것이 가장 세계적인 것이다."

이 영화의 감독인 봉준호가 수상 소감으로 한 이 말은 서양 과학사의 주인공들이 당대의 권위와 통념에 끊임없이 물음표를 던지고 자신만의 소신을 지켜 세상을 놀라게 한 과정을 떠올리게 하였다.

많은 사람이 이 책을 읽고 자신 안의 코페르니쿠스, 갈릴레오 갈릴레이와 같은 잠자는 거인을 깨우길 바란다. 봉준호 감독님의 말처럼 가장 나다운 모습(가장 개인적인 것)을 찾기 위해 나에게 그리고 세상에 끊임없이 물음표를 던지고 생각하길, 끊임없이 과학하길 소망한다.

근대 과학까지인 이유

솔직히 말하자면, 근대까지의 서양 과학사는 인물들의 대결 구도가 흥미롭게 그려져 재미있게 정리할 수 있었다. 그런데 근대 이후의 서양 과학사는 매우 복잡하고 어려워서 이해하기가 쉽지 않았다.

"과학의 모든 분야에서 인물보다는 과학 자체의 이야기가 과학사의 중심 주제가 된 것은 뉴턴이 죽고 나서부터이며, 이때부터는 춤과 그 춤을 추는 사람을 구분하기가 점점 어려워진다."

_『과학을 만든 사람들』, 존 그리빈

존 그리빈이 이야기한 것처럼 근대 이후부터는 과학 자체가 주인공이 되었기 때문에 비전공자인 필자가 이해하기 어려운 부분이 많았다. 좀 더 시간을 갖고 깊이 공부하고 연구하여 준비가 되었을 때, 근대 이후의 과학을 제대로 정리하여 출판하는 것이 필자의 도전 목표이다.

『그래픽 노블로 읽는 서양 철학 이야기』에 이어 두 번째 책이 나오기까지 아빠와 함께 과학에 관심을 가지고 말동무가 되어 준 큰딸과 늘 곁에서 용기를 북돋워 준 둘째 딸, 그리고 아내에게 감사의 말을 전한다.

2023. 4.

인동교

:: 차례 ::

chapter 1. 고대의 과학 _ 서양 과학사의 시작

chapter 2. 중세의 과학 _ 서양에서 이슬람으로

chapter 3. 근대의 과학 _ 천문학, 물리학

chapter 4. 근대의 과학 _ 화학

chapter 5. 근대의 과학 _ 의학

chapter 1
고대의 과학
서양 과학사의 시작

데모크리토스
B.C. 460?~B.C. 370?

아리스토텔레스
B.C. 384~B.C. 322

아르키메데스
B.C. 287?~B.C. 212

에라토스테네스
B.C. 276?~B.C. 194?

프톨레마이오스
83?~165?

갈레노스
129?~199?

수천 년 전 인간만이 지닌 이성과 간단한 도구를 활용해 세상의 작동 원리를 상상해 낸 고대 자연 철학자들의 발견은 인류사에 과학이 시작되었음을 알렸어. 그들의 발견은 근대에 이르러 기꺼이 검증 대상이 되어 주었고, 이로써 과학 혁명을 맞이하게 되었지. 서양 과학 이야기의 첫 페이지를 장식할 그들이 어떤 생각을 했는지 알아보자.

데모크리토스

B.C. 460?~B.C. 370?

1. 시대를 너무 앞서간 자연 철학자

물질의 최소 단위가 뭐지? 바로 원자야. 우리는 교육을 받아서 현대
과학자들이 발견한 '원자'를 이미 알고 있어.
그런데 기원전 4~5세기에 이런 말을 한 사람이 있었어.

모든 것은 원자로 이루어져 있다.
원자들 사이는 빈 공간으로 이루어져 있다.

물질을 쪼개다 보면 더 쪼갤 수 없는 원자가 된다.

원자는 항상 운동을 하며, 다른 원자와 충돌하거나 뭉치거나 흩어지면서
물체를 만들기도 하고 사라지게도 한다.

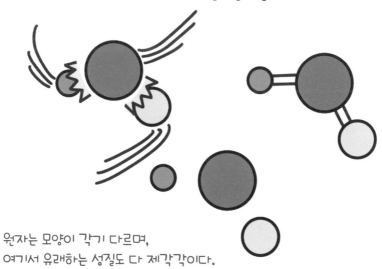

원자는 모양이 각기 다르며,
여기서 유래하는 성질도 다 제각각이다.

어때? 현대 과학자들이 정립한 '원자론'과 거의 비슷하지?
이런 주장을 한 사람은 웃음이 많은 철학자 데모크리토스였어.

원자론을 뒷받침할 수 있는 다음 실험을 보자.

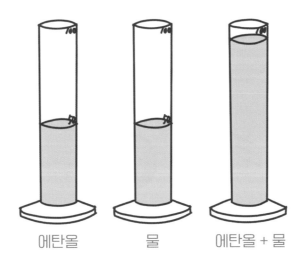

에탄올   물   에탄올 + 물

에탄올 50 + 물 50이 왜 100이 되지 않는지 알아?

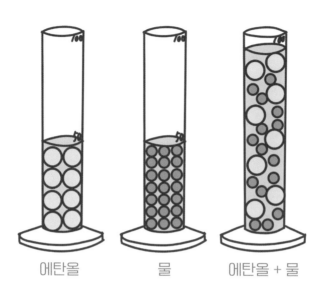

에탄올   물   에탄올 + 물

물과 에탄올 모두 입자,
즉 원자로 되어 있는데
원자의 모양과 크기가 달라서
빈 공간을 작은 입자들이 채워
전체 부피가 줄게 되는 거야!

2. 오로지 상상력으로 이뤄 낸 성과

데모크리토스의 원자론은 헬레니즘 시대의 쾌락주의 철학자 에피쿠로스에게도 영향을 주었지.

데모크리토스의 말이 맞아요.
우리도 원자에서 시작되었기
때문에 죽으면 다시 원자로
돌아가는 겁니다.
죽음을 두려워하지 마세요.
더 자세한 이야기는
제가 주인공으로 나오는
『그래픽 노블로 읽는
서양 철학 이야기』를 보세요.

현대 과학자들이야 다양한 최첨단 장비로 원자의 존재를 알아냈지만
데모크리토스는 오로지 상상력으로 원자의 존재를 처음 알아낸 거야.

흣! 뭘 그 정도 가지고.
우리 때는 다 그렇게 과학을 했어~

이렇게 고대의 많은 과학자는 상상력으로 대단한 발견을 했고,
이는 훗날 과학의 발전에 건강한 밑거름이 되었지.

아리스토텔레스

B.C. 384~B.C. 322

1. 고대 과학의 시작

우리는 아리스토텔레스를 철학자로만 알고 있어. 그도 그럴 것이 그는 플라톤의 제자로 행복론, 목적론 등 철학에서 다양한 업적을 남겼거든.

역시 자네는 내가 가르친 제자들 중 최고야!

별말씀을요~ 다 스승님 덕분입니다.

플라톤

젊은 아리스토텔레스

'철학은 종교의 신하'라고 할 정도로 철학과 이성이 종교에 눌리던 중세 시대에도 아리스토텔레스의 철학은 토마스 아퀴나스가 신의 존재를 증명하는 데 활용했을 만큼 정말 대단했어.

그 내용이 궁금하면
『그래픽 노블로 읽는 서양 철학 이야기』를 읽어 봐!!

토마스 아퀴나스

그는 철학뿐만 아니라 천문학, 물리학, 화학, 교육학 등 다양한 분야를 연구하였고, 그 성과는 서양 학문 전반의 기초를 세웠다고 할 정도였지.

『그래픽 노블로 읽는 서양 철학 이야기』에서는
철학자 아리스토텔레스를 이야기했지만 여기서는 고대 과학의 문을 연
과학자 아리스토텔레스를 이야기해 볼게。

그의 과학 이론은 중세를 거쳐 근대에 이르기까지 약 2,000년 동안 진리로 받아들여졌어. 그 뒤에 근대 과학자들이 그의 과학 이론을 하나하나 반박하며 과학 혁명을 이루었기 때문에 아리스토텔레스의 과학적 주장을 알아보는 것은 서양 과학사를 아는 첫걸음이라고 할 수 있지.

2. 우주론(천체 물리학)

아리스토텔레스는 우주 영역을 지상계와 천상계로 나누었어. 지구에서 달까지를 인간의 영역인 지상계라 하고, 달에서 우주까지를 신의 영역인 천상계라 했지. 천상계는 지구를 중심으로 모든 행성이 완벽한 등속 (같은 속도) 원운동을 한다고 주장했어.

등속 원운동

천상계

여기서 달까지를 지상계, 달부터 우주까지를 '천상계' 라고 하지.

지상계

천상계에는 완벽한 물질인 '에테르'가 가득해서 모든 행성이 떨어지지 않고
하늘에 잘 고정되어 지구 주변을 돌 수 있다고 생각했지.
천상계는 신들의 영역이기에 완벽하고 영원히 변하지 않는다고 생각했어.

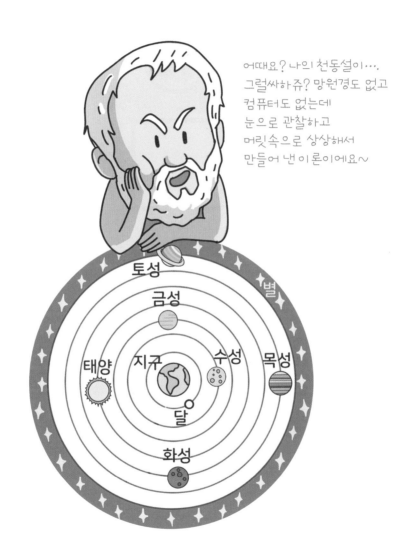

어때요? 나의 천동설이….
그럴싸하쥬? 망원경도 없고
컴퓨터도 없는데
눈으로 관찰하고
머릿속으로 상상해서
만들어 낸 이론이에요~

3. 물질론(화학)

아리스토텔레스는 엠페도클레스의 '4원소설'을 받아들여 모든 물질은 네 가지 원소인 흙, 물, 공기, 불의 성질이 다양한 비율로 조합되어 만들어진다고 주장했어.

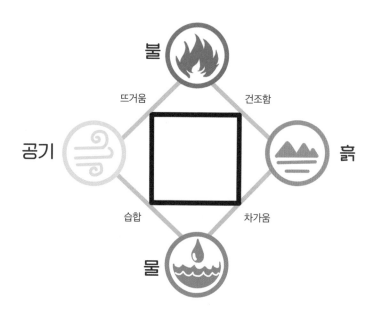

예를 들면, 물의 차갑고 습한 성질이 열을 가하면
뜨겁고 습한 성질의 공기(수증기)로 변하고,

불이 다 타고 나면 재(흙)가 된다고 보았지.

이런 그의 주장은 후대에 물질을 다양한 비율로 섞으면
금을 만들수 있다는 연금술사들의 아이디어가 되었다고 해.

4. 운동관(물리학)

아리스토텔레스는 지상계의 모든 물체는 물체를 이루는 요소에 따라 그들이 만들어진 고향으로 돌아가려는 성향을 보인다고 생각했어.

그렇다면 던진 돌이나 날아가는 대포알처럼 움직이는 운동에 대해서는 어떻게 생각했을까? 그는 이렇게 강제로 물체를 움직이게 하는 것을 '강제 운동'이라고 했어. 강제 운동에는 운동을 일으키는 힘인 '운동인'이 작용한다고 주장했지.

허공으로 던진 돌의 '운동인'은 공기라고 생각했어. 돌을 던지는 순간 돌 뒤에 공기의 공백이 생기고 이를 공기가 빠르게 메워 주면서 돌멩이를 밀어낸다고 보았지.

그리고 지상계의 물체들은 직선 운동을 한다고 생각했기 때문에 돌은 직선으로 나아가다가 강제 운동이 끝나면 자연 운동으로 전환되어 곧장 땅으로 떨어진다고 보았어.

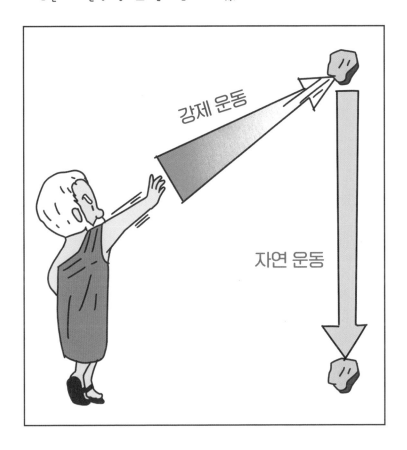

아르키메데스
B.C. 287?~B.C. 212

1. 유레카!

시라쿠사에 살던 과학자 아르키메데스는 어느 날 친척이자 시라쿠사의 왕인 히에론 2세에게 이런 말을 들어.

이 왕관 말이야. 금덩이를 주고 왕관을 만들게 했는데 세공사가 금을 빼돌리고 은을 섞은 것 같단 말이지···. 그런데 왕관 무게가 내가 처음에 준 금덩이 무게와 같으니 도무지 확인할 방법이 없네···.

그래서요?

금은 은보다 밀도(빽빽이 들어선 정도)가 높아.

그래서 금은
무게가 같은 은보다
부피가 작단 말이지.

만약 왕관에 금과 은이
같이 섞였다면
무게가 같은 금관보다
부피가 더 커야 해.

왕관을 녹여서
같은 모양으로
금덩이를 만들어
보면 되는데
왕관을 망가뜨리지 말라니,
어떻게 왕관의 부피를
알아내지?

유레카!!

왕관을 녹이지 않고
부피를 구하는 방법을
알아냈다!

세공사에게 줬다고 한 금덩이 무게와 같은 금덩이를
물이 가득 찬 그릇에 넣어서 넘치는 물의 양과
왕관을 넣었을 때 넘치는 물의 양을 비교하면…

왕관을 넣었을 때 넘친 물의 양이 금덩이를 넣었을 때 넘친 물의 양보다
많은 것으로 보아 왕관의 부피가 더 크다는 것을 알 수 있죠. 이는 왕관에
금보다 부피가 큰 은이 섞여 있다는 증거입니다!

2. 독창적인 무기들

정말 고생했네.
그런데 말이야….
더 큰 문제가 생겼어.
로마군이 시라쿠사로
쳐들어오고 있다는데
어떡하지?

아! 불안하다….

이번에도
부탁하네~
알았지?

아… 진짜.
왕 맞아?
나보고 다
하라….

왕이 부탁… 아니, 명령하자 아르키메데스는 독창적인 세 개의 무기를 만들었어.

• 집광경 무기 – 섬으로 다가오는 로마군 배에 초점을 맞춘 수많은 평면거울을 햇빛에 반사시켜 군사들이 눈이 부시게 하거나 평면거울의 초점을 한곳에 집중시켜 불이 붙게 한다.

• 투석기 – 사람 몸무게만큼 무거운 바위를 '나무 팔' 안에 넣고 당겨진 밧줄을 놓으면 축구장 두 배 정도 거리를 날아간다.

• 아르키메데스의 발톱 - 적의 배가 가까이 왔을 때 발톱이 적의 선체를 움켜
  쥘 수 있고, 이때 지레에 연결된 밧줄을 잡아당기면 기중기가 수직으로 움직
  이면서 배를 들어올린다. 다시 잡아당긴 밧줄을 놓으면 적의 배가 떨어져
  부서진다.

이러한 아르키메데스의 독창적인 무기들 덕에
몇 차례나 시라쿠사를 쳐들어온
로마군을 무찌를 수 있었어.

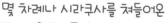

아...
아르키메데스 짱!!

3. 파이(π)값을 알아내다

기하학을 무척 좋아한 아르키메데스는 수학적 아이디어로 원주율(파이)의 값을
정밀하게 구했지. 지름이 1인 원의 둘레가 원주율(파이)과 같기 때문에
1(지름) × 원주율 = 원의 둘레
이 원의 둘레를 알아내면 원주율을 알게 되는 거였어.

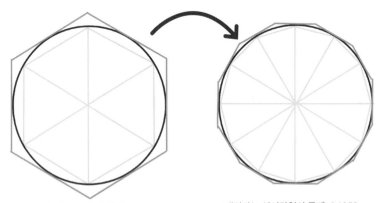

내접하는 육각형의 둘레: 3
외접하는 육각형의 둘레: 3.4641

3 〈 π 〈 3.4641

내접하는 십이각형의 둘레: 3.1058
외접하는 십이각형의 둘레: 3.2154

3.1058 〈 π 〈 3.2154

이런 식으로 계속
정96각형까지 구하면

3.1410 〈 π 〈 3.1427

4. 무서운 집중력

좋아하는 일에 한번 빠지면 무서운 집중력을 보이던 그는 결국 시라쿠사가 로마에 점령되었을 때 땅바닥에 수학 문제를 써 놓고 풀다가 로마 병사에게 죽임을 당했다고 해.

아...
아직 시킬... 아니,
부탁할 일이 많은데...

에라토스테네스

B.C. 276?~B.C. 194?

1. 알렉산드리아의 도서관 관장

지금과 달리 관측 도구가 다양하지 않았던 고대에 막대기 두 개로
지구 둘레를 정확히 잰 과학자가 있어.

그 사람 이름은 에라토스테네스야.

에라토스테네스는 기원전 3세기 말에 알렉산드리아 도서관의 관장을 맡았어. 어느 날 책을 읽던 그는 다음과 같은 글을 발견해.

어! 내가 살고 있는 알렉산드리아 지역에서는 하짓날 정오에 그림자가 사라진 적이 없는데…

하짓날 정오에 시에네에서는 태양이 머리 위에 위치하기 때문에 건물의 그림자가 생기지 않으며 우물 속에 태양이 들여다보인다.

2. 직접 관찰해 보기

그는 시에네에 하인을 보내며 이렇게 말해.

시에네에 가서 하짓날 정오에 이 막대를 땅 위에 세워 보게. 그리고 그림자가 어떻게 되는지 관찰해서 내게 알려 주게.

네, 알겠습니다, 주인님!

알렉산드리아에서 시에네까지 거리는 925km 정도 된다고 해. 쉬지 않고 10일 동안 걸으면 갈 수 있는 거리지. 아마도 하인은 한 달 정도 걸려서 시에네에 도착했을 거야.

힘들지만 위대하신 주인님의 연구에 도움이 된다면 기꺼이 해야지.

마침내 하짓날 정오가 되었을 때 하인은 시에네에서, 에라토스테네스는
알렉산드리아에서 각각 나무막대를 세우고 관찰을 시작했어.

시에네에서 돌아온 하인은 기쁘게 자신이 관찰한 내용을 이야기했어.

주인님~ 주인님 말대로 시에네에서는
그림자가 생기지 않았어요.

아이고~ 고생했다.
고생했어!

알렉산드리아에서만 그림자가 생긴 이유는 지구가
둥글기 때문이야. 지구가 평평하다면 어느 지역이든
똑같이 하지에 그림자가 생기지 않을 거야.
지구가 평면이 아니라 곡면이니까 그림자가
차이를 보이는 거지.

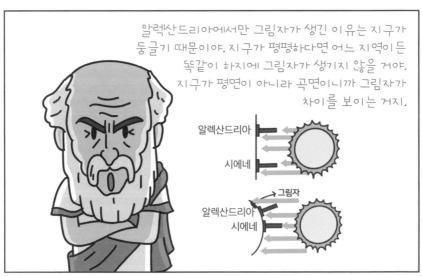

3. 막대기 두 개로 지구 둘레를 알아내다

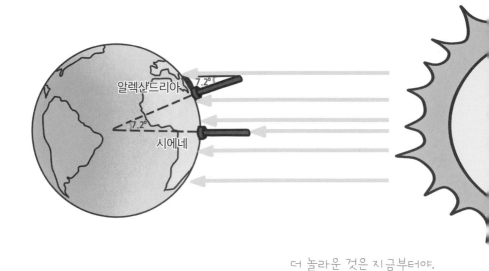

더 놀라운 것은 지금부터야.
자, 알렉산드리아에서 막대와 태양이
이룬 각이 7.2도였어.
알렉산드리아의 막대에서
선을 지구 중심까지 연결하고
시에네의 막대 연장선도
지구 중심에 연결해 보면
엇각(한 직선이 다른 두 직선과
각각 다른 두 점에서
만날 때 서로 반대쪽에서
상대하는 각)으로
시에네와 알렉산드리아
사이의 각도가
7.2도임을 알 수 있지.
그리고 7.2도는
360도의 1/50이야.

주인님, 대단해요~
그림자를 보고 지구가
둥글다고 예측하다니요!

7.2도가 360도의 1/50이기 때문에 시에네에서 알렉산드리아까지의 거리만 알면, 그 거리의 50배가 바로 지구 둘레인 걸 알 수 있지!

아~ 그렇군요! 정말 주인님은 대단하세요.

끄덕

• • •

5만 3,229 걸음…
아! 시에네까지 몇 걸음인지 알아 오라니….
저번에 갈 때 시키던가… 아~ 진짜….

한 달 후…

주… 주인님, 알렉산드리아에서 시에네까지
거리는 5,000스타디야(925km)입니다.

Yes! Yes!
925km×50=46,250km!
그럼 지구 둘레는 46,250km야!!

실제 지구 둘레는 40,008km인데 그 당시 에라토스테네스는
막대기 두 개만으로 46,250km라고 했으니 정말 놀랍지?

프톨레마이오스

83?~165?

1. 지구가 돌 리 없어!

고대 그리스의 천문학자인 아리스타르코스는 지구가 태양 주위를 돈다고 생각했어.
최초로 지동설을 이야기한 거지.

행성들이 지구 주위를 돈다면
밝기가 일정해야 하는데 그렇지가 않아.
그리고 태양이 지구보다
6.6배 정도는 큰 것 같은데
상식적으로 생각해도 크기가 작은 지구가
태양 주변을 도는 게 맞지 않을까?

2. 천문학 집대성

천문학을 책 13권에 다 모았네.
이 책으로 자네가 의문을 품은 부분을 설명해 주지.

주전원 운동

지구

이심원

화성(P) 같은 행성은
주전원 운동을 하며
'이심'이라는 큰 궤도를 돌지.

그래서 행성(P)이 지구와 가까워질 때 주전원의 속도가 이심원 위의 속도보다 빨라지면서 이심원과 반대 방향이 되면 마치 역행하는 것처럼 보이고….

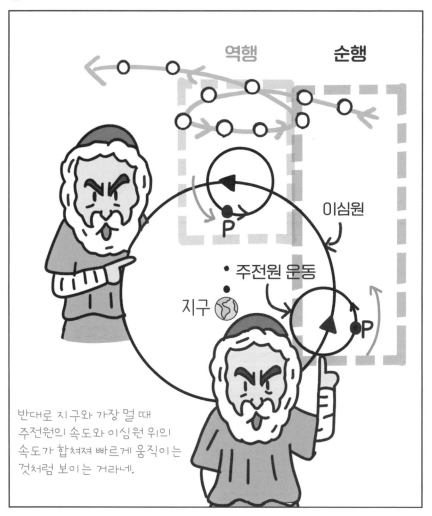

역행   순행

이심원

주전원 운동

지구 🌎

P

P

반대로 지구와 가장 멀 때 주전원의 속도와 이심원 위의 속도가 합쳐져 빠르게 움직이는 것처럼 보이는 거라네.

지구를 중심으로 도는 태양과 행성들

3. 『알마게스트』

그 당시 프톨레마이오스가 쓴 천문학 집대성은 중세에 이슬람권으로 흘러 들어가
번역되어 읽혔어. 이때 아랍어로 '알마게스트(가장 위대한 책)'라는 제목이 붙었지.
이 책은 나중에 다시 유럽으로 넘어오면서 고대-중세-근대에 이르기까지 천동설이
2,000년 동안 진리로 자리 잡게 한 결정적인 계기가 된 거야.

아랍어로 쓰인 『알마게스트』

아리스토텔레스 형님이 절대 틀릴 리 없어.
지구가 중심인 거야!

갈레노스
129?~199?

1. 의학의 시작

의학의 아버지인 히포크라테스의 의학을 받아들여 체계화한 사람은 갈레노스야. 그는 아리스토텔레스의 나원소설을 의학에 접목해 뜨겁고 건조한 황색 쓸개즙(불), 뜨겁고 습한 피(공기), 차갑고 건조한 검은 쓸개즙(흙), 차갑고 습한 점액(물) 등의 '나체액론'을 주장했어. 체액이 서로 균형이 잡혀야 건강하다는 이론이지.

황색 쓸개즙(불)

뜨거움   건조함

피(공기)   **검은 쓸개즙**
                                                (흙)

습함   차가움

점액(물)

로마 검투사들의 주치의였던 그는 많은 치료 경험을 상세히
기록으로 남겼어.

헬레니즘 시대의 황제이자
스토아 철학자였던 나,
아우렐리우스의 주치의이기도 했지.
내가 궁금하면
『그래픽 노블로 읽는 서양 철학 이야기』를
읽어 보도록!

그리고 인체 해부가 금지된 그 당시 개, 원숭이 등 짐승들을 수없이 해부하면서 인간의 몸을 간접적으로 이해하게 된 거야.

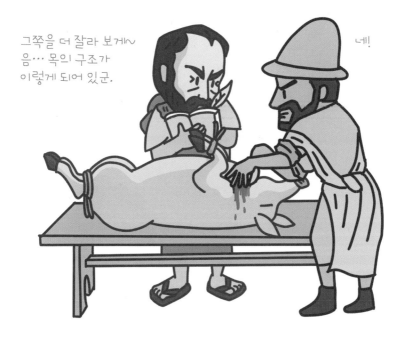

2. 혈액에 대한 그의 생각

갈레노스의 이론에 따르면, 우리가 음식을 먹으면 장에서 그 영양분을 받아 간이 혈액을 만들고, 혈액이 심장의 우심실로 이동, 구멍을 거쳐 좌심실로 전달되어 온몸으로 보내져 소멸된다고 해.

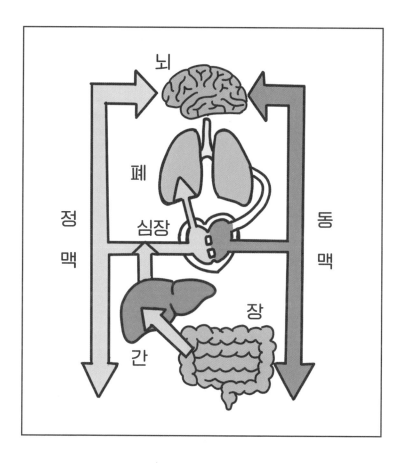

현대 의학적 관점에서 보면 상당한 오류이지만 인간의 몸을 해부할 수 없었던 당시 상황에서는 나름 과학적인 이론이었지.

3. 의학계의 바이블

이렇게 인체를 끊임없이 연구하고 기록한 글이 500편이 넘는다고 해.

중세에는 이슬람의 이븐 시나가 갈레노스의 의학 이론을 바탕으로
『의학전범』이라는 책을 썼어.

갈레노스의 책을
참고해서
이렇게 저렇게~ 썼지.

이븐 시나의 『의학전범』에 수록된 인체 해부도

이 책은 다시 유럽에서 번역되어 퍼져 나가면서 갈레노스의 의학이 고대를 시작으로 중세와 근대에 이르는 약 1,500년 동안 의학계의 진리로 자리 잡았어.

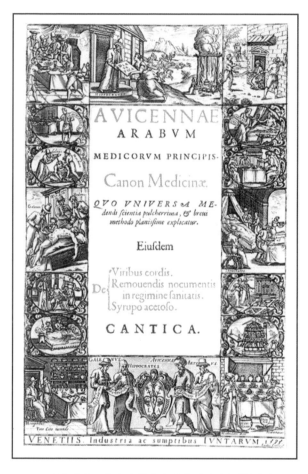

1595년 베니스에서 인쇄된 라틴어 번역판 『의학전범』

chapter 2
중세의 과학
서양에서 이슬람으로

로마의 콘스탄티누스 1세는 제국의 안정을 도모하려고 313년 밀라노 칙령을 발표해서 기독교를 공식 인정했어. 그 뒤 기독교의 힘은 아주 강해졌지. '철학은 신학의 시녀'라는 중세를 대표하는 이 문구에서 알 수 있듯이 종교의 엄청난 힘이 인간의 이성과 철학을 억눌렀다고 해도 지나친 말이 아니었어. 당연히 그 당시 자연 철학이라고 불리던 과학 역시 억눌린 채 보낼 수밖에 없었지. 그렇다고 중세 시대에 과학이 전혀 발전하지 않은 건 아니야. 서양의 과학은 이슬람 문화권에서 그 명맥을 이어 갈 수 있었어. 이번 장에서는 그 과정을 살펴보자.

1. 이슬람으로 이어지는 고대 과학

콘스탄티노플의 대주교 네스토리우스가 예수의 신성과 인성을 구분할 것을 주장하다가 알렉산드리아 주교 키릴로스에 의해 추방당하는 사건이 벌어져.

마리아는 신을 낳았으니 하나님의 어머님입니다.

아닙니다. 마리아는 사람인 그리스도를 낳았으니 그리스도의 어머님입니다.

그리스도는 인간성과 신성이 별개의 본성으로 존재합니다(양성론).

아닙니다. 그리스도는 신성과 인성이 결합되어 하나의 본성으로 이루어진 것입니다(단성론).

키릴로스

네스토리우스

네스토리우스와 그를 섬기던 사람들이 시리아와 페르시아로 도망쳐 그리스 책들을 시리아 언어로 번역해 보급하면서 그리스 시대의 철학, 의학, 천문학 등이 이슬람 문화권에 본격적으로 퍼지기 시작했다고 해.

내가 없을 때, 나를 이단으로 만들다니…
아! 열받아. 그나저나 급히 챙기다 보니
그리스 시대 고전들만 가져왔네.

2. 이슬람 문화권의 특징

페르시아, 시리아가 속한 당시 이슬람 문화권은 아주 발달해 있었는데,
그 이유는 다음과 같아.
첫째, 지리적으로 유럽과 아시아, 아프리카와 가까이 있었기 때문이야.
그래서 세계 여러 문화권과 자주 교류하다 보니 그들의 지식이 이슬람
문화의 질을 높이고 양도 풍부하게 해 주었지.

둘째, 그들이 믿는 이슬람교의 특징 때문이야.
이슬람교는 경전인 『코란』을
스스로 공부하고 이해하는 과정을
무척 중요하게 여겼어.
이렇게 지식을 탐구하는 자세가
학문과 문화를 발전시키는
밑거름이 된 거야.

3. 지혜의 집

이슬람 문화권에서 가장 큰 도시였던 바그다드에는 왕이 세운 '지혜의 집'이라는 기관이 있었는데, 여기서 번역 운동이 크게 일어났어. 번역 운동은 다른 나라에서 나온 훌륭한 책들을 이슬람 언어로 번역하는 운동이었어.

이때 갈레노스의 의학서, 아리스토텔레스의 책 등 그리스의 다양한 자연 철학서가 번역되어 퍼지기 시작한 거야. 앞에서 말한 프톨레마이오스의 책에 '알마게스트'라는 제목이 붙은 것도 이때의 일이었지. 지혜의 집에서 100년 동안 그리스 학자의 책 대부분이 번역되었어.

4. 이슬람의 과학

지혜의 집에서 켜켜이 쌓아 올린 고대 그리스인의 지혜는 이슬람 문화권의 과학 발달에 아주 많이 도움이 되었어. 이슬람 최고의 철학자이자 의학자인 이븐 시나는 아리스토텔레스의 자연 철학을 깊이 연구했고 자신의 경험에 갈레노스의 의학책, 이슬람의 의학적 지식 등을 종합해 『의학전범』이라는 책을 썼지. 이 밖에도 『광학의서』를 쓴 이븐 알하이삼 등 많은 이슬람 자연 철학자들이 과학사의 명맥을 이어 갔던 거야.

첫째, 빛은 직진한다.

둘째, 우리가 사물을 보는 건 태양 빛이 사물에 반사되어 우리 눈에 들어오는 것이다.

이븐 알하이삼

나 알지?
『의학전범』 내가 썼어~

이븐 시나

5. 다시 서양으로

중세 말기, 유럽과 이슬람 사이에 종교 전쟁이 자주 일어났어. 이슬람이 점령한 스페인의 일부 도시에서는 아랍어로 번역된 그리스 고전들이 라틴어로 다시 번역되었지. 이 번역서는 유럽 각지에서 빠르게 유통되어 읽히면서 과학의 역사가 서양으로 다시 이어지게 된 거야.

이렇게 중세 시대의 과학은 서양에서 이슬람으로, 또다시 서양으로 옮겨지면서 근대의 찬란한 과학 혁명이라는 영광을 기다리고 있었단다.

라틴어로 번역된 『의학전범』은 역시 의학계의 바이블이야!

아...
이 나이에
무슨 고생이람….

chapter 3
근대의 과학
천문학, 물리학

코페르니쿠스
1473~1543

튀코 브라헤
1546~1601

요하네스 케플러
1571~1630

갈릴레오 갈릴레이
1564~1642

로버트 훅
1635~1703

아이작 뉴턴
1643~1727

르네상스가 시작되면서 중세 시대에 억눌렸던 이성이 부활하였고 과학 역시 빛나는 시기를 맞이하게 되었어. 특히 고대 과학의 시작점인 아리스토텔레스에게 도전장을 내밀고 과학적인 방법으로 그의 이론을 뒤집으면서 근대 과학은 꽃을 피우게 되었지.

그것은 먼저 천문학 분야에서 시작되었어. 2,000년간 굳세게 진리로 자리 잡고 있던 천동설이 어떻게 무너졌는지 알아보자.

1. 지동설의 시작

코페르니쿠스는 독일의 천문학자 레기오몬타누스가 『알마게스트』를 라틴어로 번역한 『알마게스트 해제』를 읽고 뭔가 다른 생각을 하게 되었어.

프톨레마이오스의
이론은 너무 복잡해!

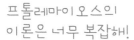

신이 만든 우주의 원리는 이보다 더 간단하고 우아할 거야. 그리고 행성의 역행 운동이 일어나는 이유를 주전원 운동과 이심원 같은 걸로 설명하기에는 뭔가 명쾌하지 않아.

태양을 중심으로 놓고 나머지 행성이 그 주위를
돌고 있는 모양으로 바꿔 볼까?

잠깐!
나머지 행성의 위치를 어떻게 정하지?

행성들이 태양을 한 바퀴 도는 데
걸리는 시간을 계산해 보면
수성이 가장 짧고 그다음 금성, 지구,
화성, 목성, 토성 순이잖아.
그래! 수성이 태양과 가장 가까우니까
도는 거리도 가장 짧고 시간도 조금
걸리는 거겠지? 그럼 그 순서대로
나열해 볼까?

수성—금성—지구—화성—목성—토성!

하늘에서 보이는
화성의 움직임

지구의 궤도

화성의 궤도

주전원, 이심원 이런 것 없이도
화성의 역행을
설명할 수 있게 된 거야!

지구와 화성의 상대적
위치 변화 때문에 역행 운동을
하는 것처럼 보였던 거였어.

태양을 중심에 두었을 뿐인데
너무나 명쾌해.

Simple is the best!

코페르니
쿠스

2. 『천구의 회전에 관하여』

코페르니쿠스의 우주 모델은 1510년쯤 완성되어 있었어.
그가 자신이 생각한 이론을 짧게 요약해서
친구들에게 보낸 편지가 남아 있거든.

코페르니쿠스의 이론에 큰 감동을 받은 독일의 수학자 레티쿠스는 1539년 직접
그를 찾아가 출판하자고 권했어. 그리고 코페르니쿠스는 1543년 근대 천문학의
시작을 알리는 『천구의 회전에 관하여』를 완성했지.

코페르니쿠스의 책이 세상에 나왔을 때 사람들 반응은 어땠을까?
사실 그의 책은 400권 정도 인쇄되어 몇몇 사람에게만 읽혔다고 해.

코페르니쿠스의 『천구의 회전에 관하여』

그러니까 당시 사회에서 책의 영향력은 그리 크지 않았던 거야.
게다가 책이 나온 해에 그는 세상을 떠났어.

3. 천구의 회전 비판

성서는 의심할 수 없는 진리라고 생각했던 신학자들은 코페르니쿠스의 책을 강하게 비판했어.

성경에서 여호수아는 지구가 아니라
태양에 멈추라고 말하지 않았는가?
진리인 성경 말씀에
태양이 움직인다고 했는데
'관종' 천문학자가
진리를 뒤엎으려 하는군!

종교 개혁으로 유명한 루터

하나님이 세상을 흔들리지 않게
든든히 세우셨다는데
어떻게 지구가 움직인다는 건가?

신학자 장 칼뱅

4. 코페르니쿠스의 한계

코페르니쿠스의 지동설은 천동설을 뒤집기는 했으나 여전히 행성들이
천구라는 틀에 박혀 등속 원운동을 한다는 아리스토텔레스의 천문학에서
완전히 벗어나지는 못했어.

누군가 내 등뒤에
있는 것 같아….
기분 탓인가;;

지동설은
이제 시작이란
말씀이야~

튀코 브라헤

1546~1601

1. 천상계에도 변화가 생긴다

1572년 11월, 하늘을 관찰하던 과학자 브라헤는 깜짝 놀랐어. 매일 하늘을 관찰하여 하늘의 별들을 꿰고 있었는데 평소 보이지 않던 밝은 별이 나타난 거야. 그것은 별이 사라질 때 나타나는 초신성이었는데 그 당시 브라헤는 새로운 별이 탄생했다고 보았지.

이상하다⋯. 어제까지도 분명히 없었는데 갑자기 나타났어! 아리스토텔레스가 천상계는 고정 불변의 완벽한 상태라고 했는데 변화가 생기다니⋯.

브라헤는 자신이 발견한 초신성을 바탕으로 아리스토텔레스의 이론을 뒤집을 수 있다는 생각에 흥분했을 거야. 이렇게 초신성을 485일 동안 관찰한 뒤 『신성에 관하여』라는 책을 썼어.

그동안 관찰해 보니 아리스토텔레스의 이론이 틀릴 수도 있겠어! 관찰한 것들을 책으로 내면 사람들은 틀림없이 열광할 거야!!

『신성에 관하여』

『신성에 관하여』라는 책 덕분에 브라헤는 세계적으로 큰 명성을 얻게 되었어. 덴마크의 프레더릭 2세는 그의 후원자가 되어 벤섬을 하사하고 경제적으로도 넉넉히 지원했지. 브라헤는 벤섬에 우라니보르그(하늘의 성)라는 천문대를 세웠어.

천문대에는 실험실, 인쇄소, 교도소, 관측 장비 등이 있었고, 100명이 넘는 인력이 있었어.

그는 우라니보르그에서 20년 넘게 하루도 빠뜨리지 않고 하늘을 관측했다고 해.

2. 산산조각 난 천구

1577년 11월, 브라헤는 하늘에서 긴 꼬리 혜성을 관측했어.

이렇게 그는 천구를 부정하며 관측 결과를 정리해서
발표해. 아리스토텔레스의 천구설을 산산조각 낸 거지.

3. 튀코 브라헤의 우주 모형

어느 날 그는 그동안 쌓아 온 관측 기록을 보면서 이런 생각을 해.

관측 자료가 많으니까 프톨레마이오스나 코페르니쿠스처럼 우주의 작동 원리를 한번 정리해 볼까?

브라헤는 1587년과 1588년에 발표한 논문 「새로운 천문학 입문」에서
지구 중심설과 코페르니쿠스의 태양 중심설을 조합한 '우주 모형'을 제시했어.

그는 시력이 매우 좋았고 뛰어난 관찰 능력도 있었지만 수학적 계산 능력과 통찰력은 부족했어. 자신의 단점을 알고 있었던 걸까? 자기와 정반대 성향인 요하네스 케플러를 조수로 고용하게 되었지.

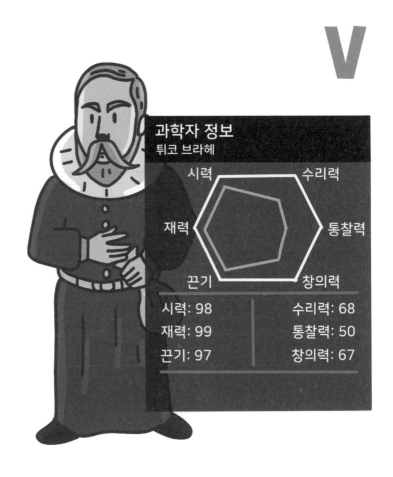

과학자 정보
튀코 브라헤

시력: 98   수리력: 68
재력: 99   통찰력: 50
끈기: 97   창의력: 67

S

과학자 정보
요하네스 케플러

시력
수리력
재력
통찰력
끈기
창의력

시력: 30 수리력: 96
재력: 20 통찰력: 99
끈기: 97 창의력: 98

브라헤는 자신의 우주 모형과 이론을 더 완벽하게 만들어 주길 바라는 마음에 죽기 직전 자신의 모든 자료를 케플러에게 넘겨. 하지만 모든 게 브라헤의 바람대로 흘러갔을까?

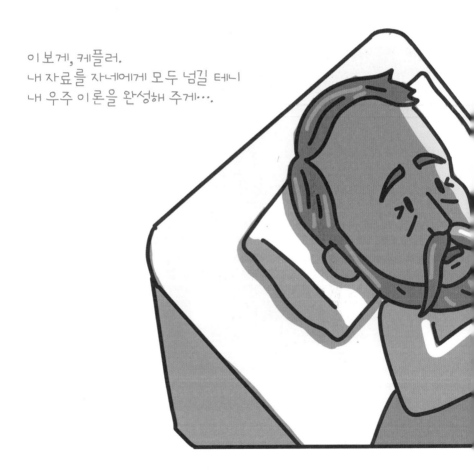

이보게, 케플러.
내 자료를 자네에게 모두 넘길 테니
내 우주 이론을 완성해 주게….

...

요하네스 케플러
1571~1630

1. 정반대인 두 사람

튀코 브라헤가 조수로 들인 케플러는 브라헤와 정반대 삶을 살았어. 집안은 너무 가난했고 몸이 약해서 어릴 적부터 죽을 고비를 여러 번 넘겼지.

4세: 천연두, 시력과 손에 장애가 생김
14세: 피부병, 옴, 발이 곪음
16세: 열병으로 죽을 뻔함
19세: 심한 두통과 팔다리 장애가 생김
─>평생 옴과 건조증으로 고통스러워함

천연두 후유증으로 시력이 너무 안 좋아져서 처음부터 별을 관측할 수도 없었어.

하늘을 제대로 관측할 수
없으니 책으로 천문학을
공부해야 하는데…
눈이 너무 아파.

하지만 그의 상상력, 통찰력, 수학 능력은 아주 뛰어났지.

2. 기하학적 행성 운동 모형

케플러는 튀빙겐대학에서 공부하며 코페르니쿠스 이론을 적극적으로
지지하게 되었고,

신이 우주를 만들 때 기하학적 원리에 따라 설계했을 거라고 상상했어.

신은 우주를 기하학적 원리로
설계했을 거야~ 기하학적 원리….

그래서 그는 기하학적 행성 운동 모형을 구상했는데 그 모양은 이래.
가장 바깥쪽에 토성의 천구-정육면체에 내접하는 목성의 천구-정사면체에 내접
하는 화성의 천구-정십이면체에 내접하는 지구의 천구-정이십면체에 내접하는
금성의 천구-정팔면체에 내접하는 수성의 천구-중심에 태양이 자리 잡고 있을
거라고 상상하고, 이를 정리하여 『우주 구조의 신비』라는 책을 냈어.

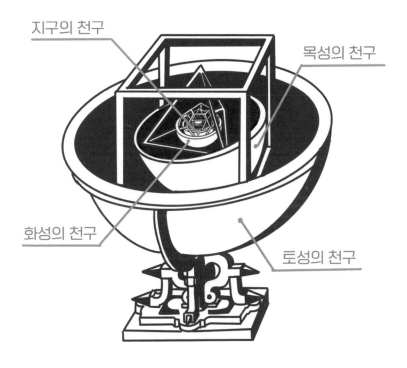

지구의 천구

목성의 천구

화성의 천구

토성의 천구

케플러는 이 책을 당시 유명했던 갈릴레오 갈릴레이와 튀코 브라헤에게도 보냈지.

이 사람… 물건이야!
자연 현상을 수학적으로 풀어내는
능력이 뛰어나.
훗날 요긴하게 쓸 수 있겠어!

3. 운명적인 만남

책을 받아 본 브라헤는 자신은 가지지 못한 케플러의 기발한 아이디어와 수학 실력에 매료되었을 거야. 그래서 조수로 두려고 케플러를 프라하로 불러 들였지.

앞으로 내 일을
잘 좀 도와주게~

알겠습니다.
잘 부탁드립니다.

브라헤는 처음부터 케플러에게 호의적이지 않아서 그에게 필요한 자료를 아주 조금씩만 넘기다가

아휴~ 답답해! 자료를
이렇게 조금씩 주니
도무지 연구 속도가
나지 않잖아.
이거 직장 내
갑질 아니야?

1600년 브라헤가 심각한 병에 걸려 죽기 직전에 자신의 자료 모두를 케플러에게 넘겨주었지. 브라헤가 자료를 넘겨준 이유는 똑똑한 케플러가 이 자료를 바탕으로 자신의 우주론과 주장을 완성해 줄 거라고 믿었기 때문이야.

이보게, 케플러.
내 자료를 자네에게 모두 넘길 테니
내 우주 이론을 완성해 주게….

케플러의 제1법칙: 행성의 원운동을 무너뜨리다

브라헤의 바람과 달리 케플러는 자료를 분석하면 할수록 코페르니쿠스의 우주론, 즉 지동설이 옳다는 생각이 더 강해졌어. 특히 화성 자료를 분석할 당시 행성이 완전한 원운동을 한다는 아리스토텔레스의 이론과 브라헤의 관측 기록이 맞지 않는다는 사실을 깨달았지.

어? 이상하다.
자료를 보면 볼수록
코페르니쿠스 이론이
옳다는 사실이 증명되잖아!

그리고 아리스토텔레스는
행성은 원운동을 한다고 했는데
화성의 움직임을 보니까
완전한 원운동이 아니야~

그래서 행성의 궤도를 타원으로 가정하고 브라헤의 자료를 대조해 보았어.

원을 구부려서 타원을 만들면…

아니!! 이럴 수가!!

그 유명한 케플러의 제1법칙이 탄생하는 순간이었어.

제1법칙: 모든 행성은 태양을 초점으로 타원으로 돈다.

그리고 동시에 아리스토텔레스의 천상계 원운동 이론이 무너지는 순간이었지. 그는 그 기쁨을 다음과 같이 표현했어.

태양은 프톨레마이오스의 모든 장치를 버터처럼 녹일 테고, 그의 추종자들은 산산이 흩어질 것이다.

내 목표는 하늘의 기계가 살아 있는 신성한 존재가 아니라 일종의 시계와 같은 기계 장치라는 걸 보여 주는 것이다.

케플러의 제2법칙: 행성의 등속 운동을 무너뜨리다

제2법칙: 태양과 행성을 잇는 직선이 같은 시간에 그리는 면적은 언제나 일정하다.

다시 말해 태양과 가까워질 수록
태양을 도는 속도가 빨라지고
멀어질 수록 느려진다는 거야.
그래서 같은 시간에 그려지는
면적 S1과 면적 S2는 같다는 거지!

이는 행성이 등속 운동을 한다는 아리스토텔레스 이론까지 산산조각 내는 주장이었어.

등속 원운동
이론

이렇게 케플러의 제1, 제2법칙을 담은 『새로운 천문학』은 1609년 출간되었고.

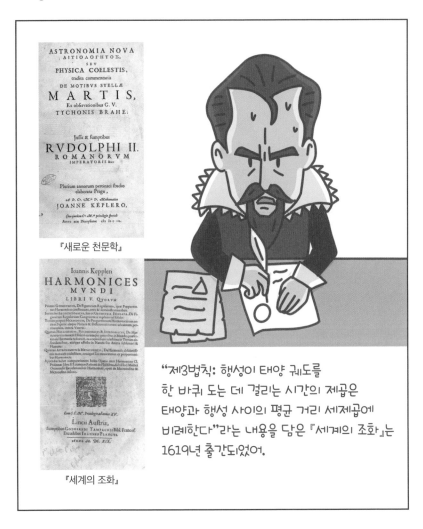

『새로운 천문학』

『세계의 조화』

"제3법칙: 행성이 태양 궤도를 한 바퀴 도는 데 걸리는 시간의 제곱은 태양과 행성 사이의 평균 거리 세제곱에 비례한다"라는 내용을 담은 『세계의 조화』는 1619년 출간되었어.

브라헤의 관측 자료를 분석하여 만든 케플러의 법칙은 아리스토텔레스의 천문학 이론을 확실하게 무너뜨리고 현대 천체 물리학의 기초를 새롭게 정립한 놀라운 발견이었던 거야.

3. 천구를 대신한 자기력

케플러는 어느 날 의문이 생겼어.

브라헤가 천구는 없다고 했어. 그렇다면 하늘의 행성들은 어떤 원리로 제자리를 유지하며 태양을 도는 거지?

케플러는 태양과 행성들이 자기력을 가지고 있기 때문이라는 결론을 내리는데, 이것은 과학자이자 의사인 길버트의 이론 덕분이라고 해.

달이 지구 주변을 도는 것도 자석의 힘 때문일 거야~

길버트의 자석 연구는 『자석에 관하여』라는 책으로 발표되었어. 이 책에는 달이 지구를 도는 것도 자석의 힘 때문일 거라는 예측이 담겨 있었지. 이런 이유로 많은 천문학자가 관심을 가지고 이 책을 읽었고, 케플러 역시 이 책을 읽고 태양과 행성 간에 작용하는 힘이 자기력일 거라는 예측을 한 거야.

그래, 이거야!!!
태양과 행성들 사이에도 자기력이 작용하는 거야!!!

윌리엄 길버트의 『자석에 관하여』

갈릴레오 갈릴레이

1564~1642

1. 우박 때문에 금이 간 아리스토텔레스의 물리학

갈릴레오 갈릴레이는 어느 날 우박이 떨어지는 모습을 보며 이런 생각을 했어.

아리스토텔레스는 무거운 물체가 먼저 떨어진다고 했는데… 방금 이 두 우박은 크기가 서로 다른데도 동시에 떨어졌어!

궁금증이 커진 갈릴레이는 무게가 다른 쇳덩이를 가지고 피사의 사탑으로 올라 갔어. 거기서 두 쇳덩이를 동시에 떨어뜨렸지.

아니!!! 거의 동시에 땅에 닿잖아! 분명 아리스토텔레스는 무거운 물체가 먼저 떨어진다고 했는데… 아리스토텔레스가 잘못 말한 건가?

아리스토텔레스의 물리학에 금이 가는 계기가 된 사건이었어.

2. 등가속도 운동의 법칙

갈릴레이의 호기심은 여기서 멈추지 않고 더 뻗어 나갔어.

갈릴레이는 황동공을 빗면에 굴려 보면서 관찰을 했어.

어라~ 1초 뒤에는 1cm, 2초 뒤에는 4cm, 3초 뒤에는 9cm…
이런 식으로 물체가 이동한 거리가 시간의 제곱에 비례하네.
경사를 가파르게 해도 이 법칙이 통하잖아!

그렇다면 더 가파른 수직 상태에서
떨어지는 물체의 속도도
시간의 제곱에 비례하겠군!

거리=½가속×시간²
$$d = \frac{1}{2}at^2$$

이렇게 등가속도
운동의 법칙이
탄생한 거야.

3. 최초의 관성 개념

여기서 끝나면 갈릴레이가 아니지. 그는 한 가지 실험을 더 생각해 냈어.

이번에는 빗면을 구부려서
실험을 해 볼까?

어라? 시작한 지점의
높이만큼 굴러가네.

경사면을 완만하게 해 볼까? 어라~ 역시 그 높이만큼 굴러가잖아.
그리고 공이 매끄러울수록 더 정확히 그 높이만큼 올라가네!

그렇다면 완전히 매끄러운 공, 즉 마찰력이 0인 공을
경사면 끝을 평평하게 만든 뒤 굴리면?

아! 끝없이 굴러가겠구나!
그래, 마찰력이 없는 상태에서
모든 물체는 한번 움직이기
시작하면 계속 움직이려고
하는 거야!

관성이라는 개념을 처음 생각해 낸 거였어.

4. 산산조각 난 아리스토텔레스의 물리학

앞서 아리스토텔레스의 대포알은 직선 운동을 하다가 '운동인'인 공기의 힘이 다 떨어지면 바닥으로 직선 운동을 한다고 했어.

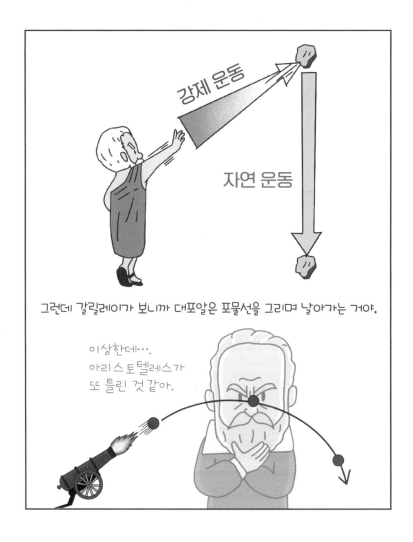

내가 발견한 것들을 바탕으로
이 현상을 설명해 보지.
발사된 대포알은
관성의 법칙에 따라 움직이고
동시에 자유 낙하 실험에서 알게 된
힘(중력)이 작용해서
포물선을 그리며 날아가게 되는 거야.

결국 아리스토텔레스의 물리학을 무너뜨리고 만 거야.

5. 나는 달라~ 달라~

1600년대 초반에 네덜란드 사람들은 안경을 만드는 렌즈 두 개로 망원경을
만들 수 있었어.

와! 이 렌즈 두 개를 겹쳐서 보니까
물체가 커 보이잖아!
특허 등록을 해야겠어!!

갈릴레이는 이 소문을 듣고 직접 망원경을 만들었지.

뭐? 망원경?
내가 만들면 더 잘 만들 수
있을 것 같은데….
그것도 남들과 다르게 말이야.

갈릴레이는 네덜란드 사람들이 만든 망원경보다 배율이 높은 망원경을
만들었어.

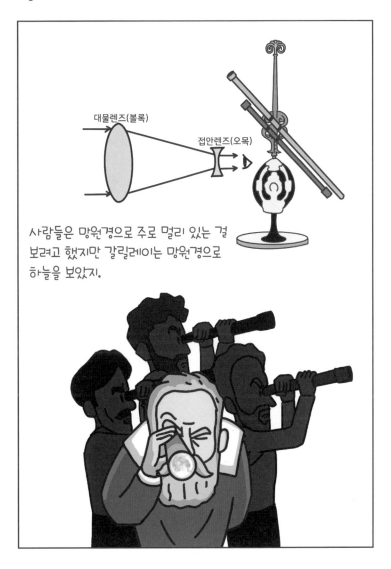

대물렌즈(볼록)

접안렌즈(오목)

사람들은 망원경으로 주로 멀리 있는 걸
보려고 했지만 갈릴레이는 망원경으로
하늘을 보았지.

갈릴레이는 밤하늘에서 가장 크게 보이는 달을 먼저 관찰했어. 그는 달의 모습을 관찰한 그대로 그림으로 그렸지. 그러다 보니 이상한 점을 발견한 거야.

아리스토텔레스는 달이 완벽하고 매끈한 둥근 구 모양이라고 했는데 왜 울퉁불퉁하지?

갈릴레이가 그린 달의 모습

아리스토텔레스가 이것도 틀렸나?

아리스토텔레스의 천문학을 의심하기 시작한 거지.

6. 지동설을 살린 목성

갈릴레이는 달에 이어서 목성도 관찰했어. 목성 주위 네 별의 움직임을 살피다가 이 별들이 목성 주변을 돈다는 사실을 발견한 거야. 그것은 목성의 위성이었지.

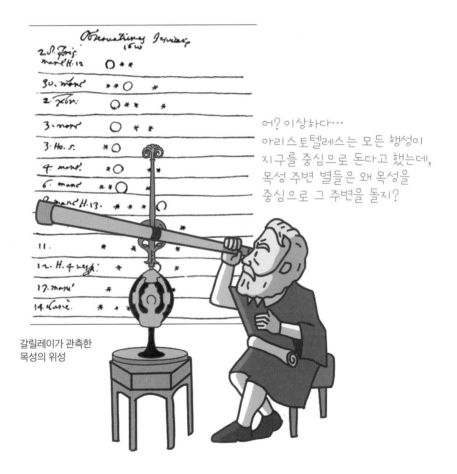

갈릴레이가 관측한
목성의 위성

어? 이상하다…
아리스토텔레스는 모든 행성이
지구를 중심으로 돈다고 했는데,
목성 주변 별들은 왜 목성을
중심으로 그 주변을 돌지?

그때 사람들은 지구만이 유일하게 위성을 거느릴 수 있다고 굳게 믿었어.

7. 금성이 왼손을 거들다

갈릴레이가 망원경으로 금성을 보니 가끔 보름달 모양으로 보이기도 하고 크기도 달라 보이는 거야.

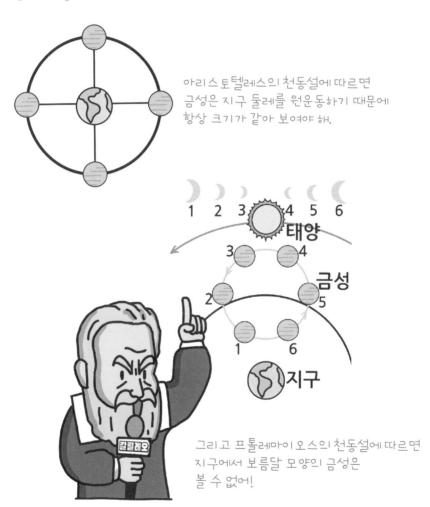

아리스토텔레스의 천동설에 따르면 금성은 지구 둘레를 원운동하기 때문에 항상 크기가 같아 보여야 해.

그리고 프톨레마이오스의 천동설에 따르면 지구에서 보름달 모양의 금성은 볼 수 없어!

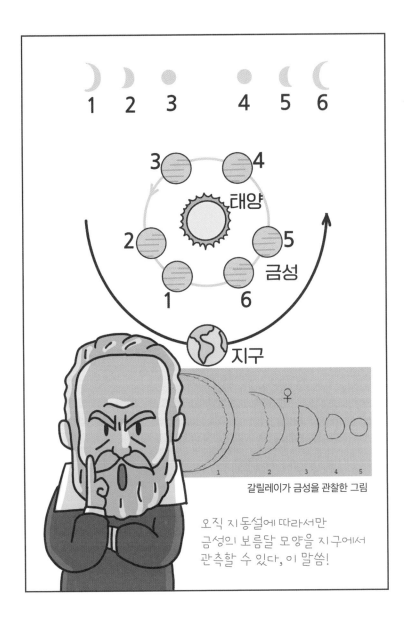

갈릴레이가 금성을 관찰한 그림

오직 지동설에 따라서만
금성의 보름달 모양을 지구에서
관측할 수 있다, 이 말씀!

8. 마지막 결정타, 흑점

갈릴레이는 망원경으로 태양도 관측했어. 태양에서 흑점을 발견하고 그 흑점이 이동하는 모습을 관찰했지.

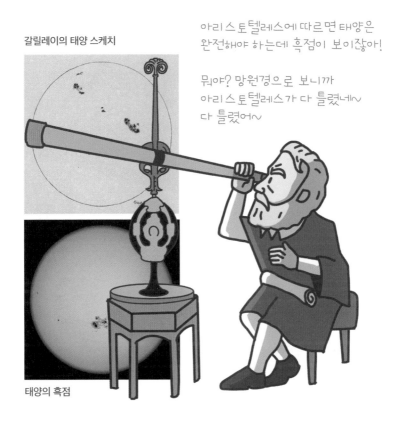

갈릴레이의 태양 스케치

아리스토텔레스에 따르면 태양은 완전해야 하는데 흑점이 보이잖아!

뭐야? 망원경으로 보니까 아리스토텔레스가 다 틀렸네~ 다 틀렸어~

태양의 흑점

갈릴레이의 달, 목성, 금성, 태양 관측 기록은 코페르니쿠스의 지동설을 더 확고하게 만들어 주었어. 1610년, 이런 관측 기록은 『별들의 소식』이라는 책으로 출판되어 사회적으로 엄청난 파장을 일으켰지. 그러자 천동설을 지지하던 교회에서 갈릴레이를 탄압하기 시작한 거야.

9. 『두 우주 체계에 관한 대화』

1632년, 갈릴레이와 알고 지내던 우르바누스 8세가 교황이 되자 갈릴레이는 천문학 책 출판을 허락받고 『두 우주 체계에 관한 대화』라는 책을 펴내지.

『두 우주 체계에 관한 대화』

교황은 아리스토텔레스의 천동설과 균형을 맞춘 책을 출판하는 조건으로 허락했는데 갈릴레이는 책에서 코페르니쿠스를 강력하게 지지했어. 결국 이 책은 판매 금지되고 갈릴레이는 집 안에 갇히는 신세가 되었지.

아! 갈릴레이,
결국 선을 넘는구먼…
내가 아무리 교황이라도
이번에는 봐줄 수 없어….

그 책을 간단히 설명하면 이래.
심플리초, 사그레도, 살비아티 세 주인공이 대화를 하는 거야.

지구를 중심으로
태양이 돈다네~

어허~ 심플리초!
답답한 소리 그만하게.
살비아티 말이 맞아~

무슨 소리인가?
태양을 중심으로
지구가 돈다네.

심플리초   사그레도   살비아티

『두 우주 체계에 관한 대화』 중에서

심플리초는 아리스토텔레스, 사그레도는 갈릴레이 자신, 살비아티는 코페르니쿠스를
대신한 인물이었지. 책 내용은 살비아티(코페르니쿠스)의 지동설을 사그레도(갈릴레이)가
강하게 지지하는 거였어.

심지어 심플리초라는 이름에는 '바보'라는 의미가 담겨 있다고 해.

뭐? 바보?
하늘 같은 선배한테
너무 심한 거 아니야?
갈릴레이, 자네는
선을 넘었어!!!

갈릴레이는 자신이 관측한 자료를 바탕으로 코페르니쿠스의 지동설이 옳고
아리스토텔레스의 천동설이 틀렸다는 걸 무척 얘기하고 싶었던 거야.

교회에서 그렇게도 지동설이 옳다는 말은
하지 말라고 했건만….

로버트 훅

1635~1703

1. 뉴턴으로 가는 징검다리

고대 물리학과 천문학을 집대성한 아리스토텔레스의 이론을 근대에 이르러 코페르니쿠스, 브라헤, 케플러, 갈릴레이 같은 과학자들이 수정했어.

이렇게 근대 과학자들이 이루어 낸 성과를 기가 막히게 수학적으로 정리한 사람, 바로 뉴턴을 이야기하기 전에 꼭 알아야 할 과학자가 있어. 그 사람은 로버트 훅이야.

뉴턴의 『프린키피아』 중에서

2. 현미경으로 미시 세계를 관찰하다

훅은 어릴 때부터 몸이 너무 약했지만 그림과 공작에 타고난 재능이 있었어.

성인이 되어서는 그의 재능을 알아본 로버트 보일의 조수로 일하면서 자연스럽게
왕립학회 회원이 되었지.

1665년 그가 29세 되던 해, 그의 역작 『마이크로그라피아』가 세상에 나오는데, 영어로 쓰이고 읽기 쉬워서 많은 사람이 읽었어. 그 덕에 그는 명성을 얻었지.

『마이크로그라피아』

이 책은 훅이 성능이 뛰어난 현미경을 만들어 동물, 식물, 무생물 등을 관찰한 뒤 이를 기가 막힌 솜씨로 세밀하게 그리고 설명을 덧붙인 거였어.

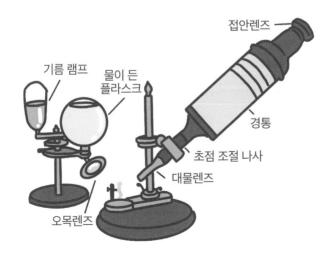

여기서 잠깐, 훅의 실력을 한번 볼까?

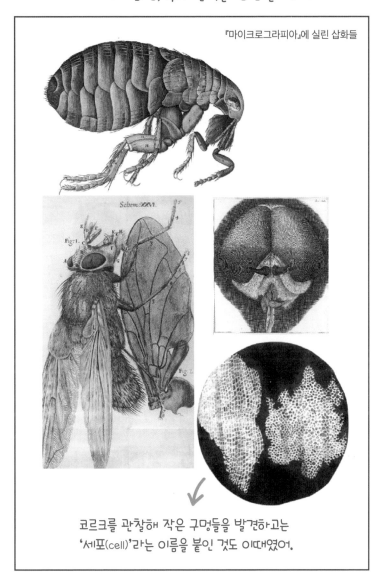

『마이크로그라피아』에 실린 삽화들

코르크를 관찰해 작은 구멍들을 발견하고는
'세포(cell)'라는 이름을 붙인 것도 이때였어.

갈릴레이가 망원경으로 하늘을 보았다면
훅은 현미경으로 미시 세계를 관찰한 거지.

탄성체가 늘어나는 길이는
작용하는 힘에 비례한다.

$F=kx$

훅은 이 밖에 기압계, 풍력계,
온도계, 습도계를 발명한
최초의 기상학자였을 뿐 아니라
우리가 알고 있는 훅의 법칙을
만들 만큼 물리학에도 뛰어났어.

x

F $x\times2$

$F\times2$

3. 뉴턴과의 연결 고리

뉴턴을 설명하기 전에 훅을 이렇게 길게 다루는 이유는 그가 뉴턴의 역작 『프린키피아』에 큰 영감을 주었기 때문이야. 물론 자존심이 강한 뉴턴은 그걸 인정하지 않겠지만….

그 이야기는 다음과 같아.

1666년, 훅은 논문에서 태양을 도는 행성의 운동이 일어나는 까닭은 행성이 태양의 인력(공간적으로 떨어져 있는 물체끼리 서로 당기는 힘)에 따라 궤도에 붙들려 있기 때문이라고 설명해. 마치 공을 실에 묶어 돌릴 때처럼 말이야.

1674년에는 "직선으로 단순한 운동을 하는 물체는 계속 직선으로 나아가며, 다른 힘의 영향이 있을 때만 구부러지고 휘어 원, 타원 또는 복합적인 곡선을 따라 운동하게 된다"라고 이야기했어.

1679년 훅은 중력을 연구하던 같은 왕립학회 회원 뉴턴과 편지를 주고받으면서 자신이 연구한 내용을 다음과 같이 정리해서 알려 주었어.

태양과 행성 간에는 타원 궤도 운동이 나타날 수 있고,
태양과 행성 간의 인력은 거리의 제곱에 반비례한다네….

그런데 뉴턴이 출처를 밝히지 않고 자신의 책 『프린키피아』에 이런 내용을 실으면서 둘의 관계는 최악이 되었단다.

아이작 뉴턴

1643~1727

1. 거인의 어깨 위에 올라서다

1666년, 케임브리지대학교에 다니던 뉴턴은 흑사병이 유행하자 고향집에
머물게 되었어.

시간 여유가 생긴 뉴턴은 이 시기에 중력을 생각해 내고 이를 수식으로 정리해서 나중에 『프린키피아』라는 대작으로 발표하지.

『프린키피아』

뉴턴은 이런 말을 했어.

앞선 수많은 과학자들이 과학적인 방법으로 아리스토텔레스의 고대 과학을 뒤집고
새로운 과학을 정립하면서 발견한 사실들을 뉴턴이 수학적으로 해석하고
정리했기 때문에 흑사병으로 인한 절망의 해가 기적의 해가 될 수 있었던 거야.

2. 악연의 시작

1672년, 왕립학회 회원이 된 뉴턴은 「빛과 색채에 관한 새 이론」이라는 논문을 발표해.

빛은 입자야!

그는 프리즘으로 빛이 여러 색으로 나뉘는 실험을 한 뒤 빛은 입자로 되어 있다는 주장을 하지. 그러자 왕립학회에서 중요한 자리에 있던 로버트 훅이 빛에 관한 논문을 써서 빛은 입자가 아니라 파동이라고 반박해.

뉴턴이 뭔가 잘 모르고 이야기하는 것 같은데… 빛은 파동이에요~

누구에게 지는 것을 죽기보다 싫어했던 뉴턴의 자존심에 큰 상처를 남긴 사건이었지. 빈정이 상한 뉴턴은 이후 자신이 연구한 것을 발표하지 않았어. 이렇게 둘의 악연이 시작된 거지.

3. 『프린키피아』의 탄생 배경

1684년 영국의 건축가 크리스토퍼 런이 영국의 천문학자 에드먼드 핼리(핼리혜성 발견)와 로버트 훅에게 케플러의 타원 궤도를 수학적으로 설명하는 사람에게 멋진 책을 주겠다고 제안했어.

하지만 둘 다 정확한 답을 찾지 못했어. 마침 영국을 여행하던 핼리는 뉴턴을 만나서 다음과 같이 물었지.

뭐? 정말!
그 자료 어디 있나?
로버트 훅 선생님도
해결하지 못한
어려운 문제를….

어디다 두었는지
잘 모르겠는데…
찾아서
보내드릴게요.

3개월 뒤 뉴턴은 증명 자료를 보냈고, 자료를 받아본 핼리는 그의 천재성에 깜짝 놀라면서 이런 생각을 떠올렸어.

와! 정말 창의적이고
명쾌하네.
역시 내 예상이
맞았어!

잠깐… 이 내용을
책으로 내면
대박 나겠는데∽

그는 뉴턴을 열심히 설득했어.

이 내용을 포함해서 자네가 연구한 것들을
책으로 펴내는 게
어떤가?

노노! 왕립학회
꼰대(로버트 훅) 때문에
책 같은 건 내지
않기로 했어요.

아니야, 아니야~ 이런 대단하고
훌륭한 내용을 우리만 알고 있다는 건
전 인류에게 죄를 짓는 것이나 마찬가지야.

뭐, 그렇긴 한데…

이렇게 해서 뉴턴은 책을 쓰기 시작했고, 1687년 드디어 과학사에
길이 남을 책인 『프린키피아』(자연 철학의 수학적 원리)가 세상에 나왔어.

4. 뉴턴의 제1법칙과 중력

『프린키피아』에는 뉴턴의 3법칙이 실려 있어. 그중 제1법칙은 바로 관성의 법칙이야.

제1법칙

관성의 법칙: 정지해 있거나 일정한 속도로 직선 운동을 하는 물체는 외부의 힘이 작용하지 않는 한 원래의 운동 상태를 그대로 유지하려고 한다.

갈릴레이 선생님이 말한 관성의 법칙에 따르면 마찰이 없는 공은 끝없이 직선으로 굴러 가죠. 행성 역시 관성의 법칙에 따라 끝없이 움직이는 거예요.

이보, 자네! 거인의 어깨 어쩌고 하더니... 행성은 타원 운동을 하는 거라고 했잖아. 직선 운동이 아니라!

성격도 급하시네~ 맞아요.
관성 운동에 따라 끝없이
직선 운동을 하려는 행성을
무엇인가가 붙든다면
실에 묶인 공처럼 궤도 운동을
하겠죠?

5. 표절 시비

중력을 이야기하면서 거리 제곱에 반비례한다는 아이디어가 『프린키피아』 에서 공식적으로 발표되자 로버트 훅은 몹시 화를 냈어. 앞선 로버트 훅 편에서 본 것처럼, 행성 간에 작용하는 힘은 거리 제곱에 반비례한다는 내용을 뉴턴 에게 알려 준 적이 있기 때문이야.

아! 이 사람 보게. 분명 내가 거리 제곱에 반비례한다는 걸 알려 주었는데 마치 자기가 다 발견한 것처럼 말하네!

6. 중력을 이용한 사고 실험

다시 『프린키피아』의 내용으로 돌아가면, 뉴턴은 이 책에서 중력을 이용한 다음과 같은 사고 실험을 정리했어.

폭탄을 a보다
빠르게 쏘면
b 정도 날아갈 테고,
지구 자전 속도와
비슷한 빠른 속도로
c처럼 쏘면
지구 주변을 원운동을 하면서
계속 돌게 될 겁니다.

이 사고 실험은 나중에 우주를 향해 발사한 인공위성이 지구를 벗어나지 않고 궤도 운동을 하는 현실이 되었지.

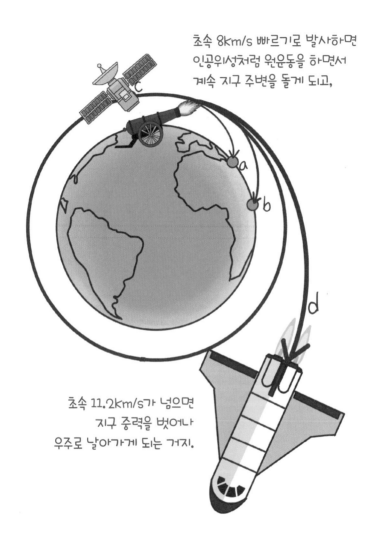

초속 8km/s 빠르기로 발사하면 인공위성처럼 원운동을 하면서 계속 지구 주변을 돌게 되고,

초속 11.2km/s가 넘으면 지구 중력을 벗어나 우주로 날아가게 되는 거지.

7. 그 밖의 법칙들

『프린키피아』에는 다음과 같이 뉴턴의 나머지 법칙들도 실려 있어.

뉴턴의 제2법칙

가속도의 법칙: 질량(m)을 가진 물체에 힘(F)을 가하면 가속(a)한다.

뉴턴의 제3법칙

작용, 반작용의 법칙: 모든 작용하는 힘에는 크기가 같고 방향이 반대인 반작용의 힘이 존재한다.

이 법칙에 따라 로켓을 우주로 날려 보낼 수 있었지.

8. 또 다른 표절 시비

뉴턴은 중력과 물체의 속도와 움직임을 계산할 때 '유율법'을 이용했어. 이는 현대의 미적분 개념이라고 생각하면 돼. 하지만 여기서 또 표절 시비가 생겨.

결국 두 사람 다 미적분을 생각해 내고 만든 것으로 결론이 났어.

9. 엔드 게임

코페르니쿠스가 시작한 천동설에 대한 지동설의 역습은 뉴턴이 앞선 과학자들의 발견을 수학적으로 정리하면서 끝맺음이 되었어. 2,000년이 넘는 시간 동안 진리로 여겨졌던 아리스토텔레스의 천체 물리학 무대가 막을 내리게 된 거지.

지구가
돈다~

chapter 4
근대의 과학
화학

로버트 보일
1627~1691

조지프 블랙
1728~1799

조지프 프리스틀리
1733~1804

헨리 캐번디시
1731~1810

앙투안 로랑 라부아지에
1743~1794

근대에 이르러 연금술에 머물러 있던 화학이 뒤늦게 과학의 반열에 오르게 되었어. 다른 과학 분야보다 시작이 늦었던 이유는 제대로 된 도구를 갖추기까지 시간이 걸렸기 때문이야. 천문학은 인간의 눈으로 하늘을 보면 되었고 물리학은 공을 떨어뜨리고 관찰하면 되었어. 생물학은 현미경으로 관찰하면 되는 학문이었지. 하지만 화학은 화학 반응을 통해 원소를 알아내야 했기 때문에 정교하고 다양한 실험 도구가 필요했어. 그래서 산업 혁명으로 다양한 기계와 도구가 발전하면서 화학도 같이 발전한 거야.

아리스토텔레스의 4원소설에 의해 공기 자체가 원소라는 주장은 보일, 블랙, 프리스틀리, 캐번디시 등 근대 화학자들의 증명으로 금이 가기 시작했어. 그리고 뉴턴이 그랬듯이 앞선 화학자들의 발견을 바탕으로 화학의 체계를 정립한 라부아지에가 아리스토텔레스의 4원소설을 완전히 무너뜨리면서 과학으로서 화학이 시작되었지. 이 장에서는 그 과정을 알아보자.

로버트 보일

1627~1691

1. 4원소설과 보일의 법칙

아리스토텔레스는 만물이 공기, 물, 불, 흙 4원소의 조합으로 이루어져 있다고
보았어. 즉 공기 자체가 기본 원소라고 했지.

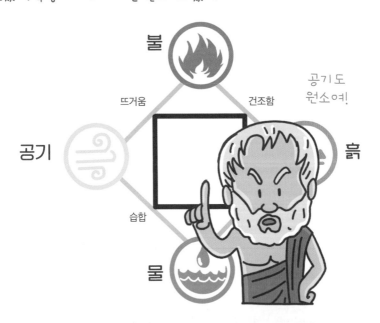

어느 날 실험을 하던 로버트 보일은 공기 자체가 원소가 아닐 거라 예측했는데
그 실험은 이래.

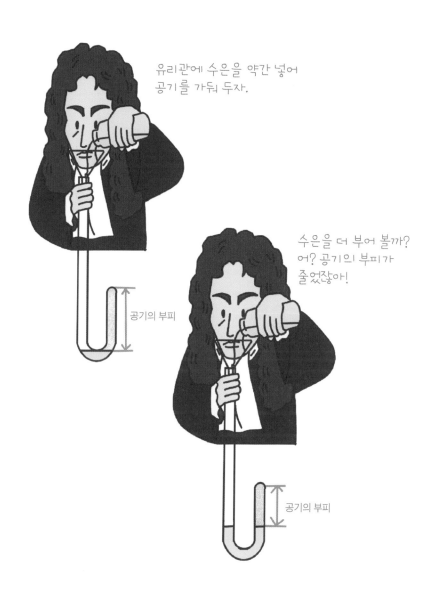

유리관에 수은을 약간 넣어
공기를 가둬 두자.

공기의 부피

수은을 더 부어 볼까?
어? 공기의 부피가
줄었잖아!

공기의 부피

그 유명한 보일의 법칙을 만들어 낸 거야.

보일은 또 이런 의문이 들었어. "어떻게 부피가 줄어들었지?"

아!!! 공기 속에는 다양한
입자의 원소들이 있고
나머지는 빈 공간일 거야.
그리고 이 빈 공간이
압력을 받아
부피가 줄어들면서
공기의 부피가 주는 거야!

공기 자체가 원소가 아니라 다양한 원소의 혼합물이라고 주장한 거지.

아리스토텔레스의 4원소설에서 공기를 잘라 버린 거야.

보일은 더 나아가 데모크리토스의 원자론과 비슷한
원소에 대한 정의를 내려.

어라? 이거 한 2천 년 전에
내가 한 말 같은데….

만물은 원소로 되어 있고 원소는
더는 다른 것으로 분리되지 않는
기본 물질이다.

2. 화학의 시작

보일이 실험으로 공기를 재발견한 사건은 근대 화학의 시작을 알리며 많은 과학자에게 궁금증을 불러일으켰어.

공기가
원소가 아니래?

그래, 맞아. 공기 속에
여러 가지 원소가 섞여 있다고
하더라고~

조지프 블랙

1728~1799

1. '인싸' 의사

조지프 블랙은 유명한 의사였어. 개인 병원을 운영했는데 단골 환자 가운데는
경제학자 애덤 스미스, 철학자 흄 등이 있었지.

어서들 오세요. 오늘은 어디가
불편해서 오셨습니까?

흄   애덤 스미스

그러던 어느 날, 블랙은 많은 환자가 요로결석(오줌 성분이 가라앉아 굳은 돌)으로 고통받는 모습을 보게 돼. 치료제를 고민하던 블랙은 위염 치료제였던 탄산마그네슘($MgCO_3$)을 활용해 보기로 했어.

2. 왕성한 실험 정신

평소 실험 정신이 강했던 블랙은 이 탄산마그네슘을 높은 온도로 가열해 봤지.

$$MgCO_3 \text{ (탄산마그네슘)} + \text{강한 열}$$
$$\rightarrow MgO \text{ (산화마그네슘)} + CO_2 \text{ (이산화탄소)}$$

그러고 나서 이번에는 탄산마그네슘을 산과 반응시켜 보았어.

탄산마그네슘에 염산을 떨어뜨리니까
역시 기체가 발생해~
분명히 탄산마그네슘 안에는
고정되어 있는 기체가 있어!

그래서 이 기체의
이름은 고정 공기야!!!

$$MgCO_3 \text{ (탄산마그네슘)} + 2HCL \text{ (염산)}$$
$$\rightarrow MgCl_2 \text{ (염화마그네슘)} + CO_2 \text{ (이산화탄소)}$$
$$+ H_2O \text{ (물)}$$

3. 이산화탄소의 발견

블랙은 이 기체를 '고정 공기'라고 이름 붙이고, 모은 고정 공기를 촛불에 부어 봤어.

입김을 불었을 때와 똑같이
불이 꺼지잖아!
우리가 숨을 내쉴 때
몸 안에서 나오는 기체와
고정 공기가 같다는 거네!!

이렇게 블랙은 이산화탄소를 발견한 거야.

블랙은 자신이 발견한 고정 공기(이산화탄소)가 보통 공기와 성질이 다르다는 사실을 깨닫고 공기 중에 고정 공기가 일부분 섞여 있을 거라고 예측하지. 공기는 원소가 아니라는 보일의 발견에서 시작된 의문점, 바로 공기의 구성 성분 가운데 한 가지를 발견하게 된 거야.

뭐야?
뭐라고 쏙닥거리는 거야?

보일 형님~
공기는 원소가 아닌 게
맞아요~ 제가 공기의
구성 성분 중 하나인
고정 공기를 발견했거든요.

조지프 프리스틀리

1733~1804

1. 산소를 발견한지 몰랐던 프리스틀리

우리가 삶을 살아가는 데 가장 중요한 기체가 산소지. 이 산소를 처음 발견한 사람이 바로 조지프 프리스틀리야. 그는 여러 가지 실험으로 10가지 기체를 알아냈어. 그중 가장 위대한 발견이 바로 산소지.

하지만 플로지스톤 모델로 이 기체를 설명했기 때문에
그 당시 발견한 기체가 산소인지는 몰랐던 거야.
플로지스톤 모델은 독일의 화학자
게오르크 에른스트 슈탈(1660~1734)이 주장한 이론으로 그 내용은 다음과 같아.

어떤 물체가 연소되는 이유는 플로지스톤이라는
가연성 물질이 들어 있기 때문이야.
연소가 시작되면 이 플로지스톤이
밖으로 빠져나가는 거지. 나무를 태우면
재만 남는 것을 보면 알 수 있잖아~

플로지스톤

재

게오르크 에른스트 슈탈

2. 산화수은 실험

프리스틀리는 산화수은에 열을 가하면 수은이 되는 실험을 했어. 즉 산화수은이
열을 받아 수은과 산소로 분리되어 산소가 발생하는 실험이었지.

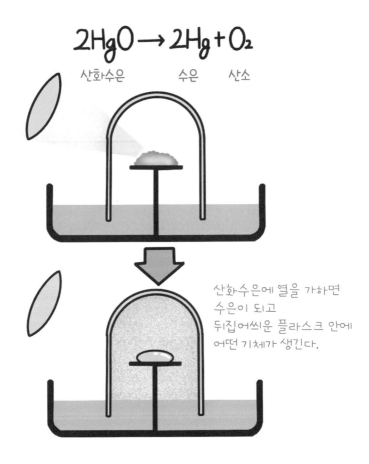

$$2HgO \rightarrow 2Hg + O_2$$

산화수은   수은   산소

산화수은에 열을 가하면
수은이 되고
뒤집어씌운 플라스크 안에
어떤 기체가 생긴다.

3. 플로지스톤 이론으로 설명한 산소

프리스틀리는 플로지스톤 모델로 이 실험을 설명해.

나는 원래 수은이었는데 열을 받아서 플로지스톤을
빼앗겨 이렇게 못생겨졌어. 빨리 다시 플로지스톤을
흡수해서 잘생겼던 수은으로 돌아가고 싶어….

플로지스톤을 흡수하려는 성향이 강해진
산화수은을 가열하면 공기 중에 있던
플로지스톤을 흡수해서…

산화수은은 수은이 되고
공기는 산화수은한테 플로지스톤을
빼앗겨서 '탈플로지스톤 공기'가 된 거야!

4. 탈플로지스톤 공기(산소)의 특징

프리스틀리는 탈플로지스톤 공기(산소)에 꺼져 가는 양초를 넣어 보았어.

탈플로지스톤 공기는
플로지스톤을 흡수하려는
성향이 있어서
초에 있는 플로지스톤을 빼앗아
초는 더 잘 타게 되는 거야.

그러니까 탈플로지스톤 공기는
물질을 더 잘 타게
한다는 거지.

그는 탈플로지스톤 공기에 쥐를 넣고 일반 공기에도 쥐를 넣은 다음 시간을 두고 관찰했어.

탈플로지스톤 공기   일반 공기

탈플로지스톤 공기는 생물이 생존하는 데 반드시 필요한 기체군!

5. 광합성의 발견

프리스틀리는 다음과 같은 실험을 해.

잔인한 프리스틀리!! 윽!

밀폐된 유리 용기에 촛불과 쥐를
각각 넣었더니 촛불은 금방
꺼지고 쥐는 죽어 버렸어.

공기 속에 있으면서 생명을
유지하게 해 주는 물질이
동물의 호흡으로 없어져
더는 숨쉬기에 적합하지
않게 된 거야!

하지만 식물이 있으면 공기의 호흡을 도와주는 기능이
회복되어서 쥐가 조금 더 오래 살게 되었어.

식물이 동물의 호흡에
도움이 되는 것 같아.

이는 식물이 이산화탄소를 흡수해서 산소를 발생시키는 광합성 작용을
예측한 실험 결과였지.

6. 공기의 구성 성분, 산소

잔인한 과학자놈들…!!

헨리 캐번디시

1731~1810

1. 부자들 가운데 가장 학식 있는 사람

요즘 친환경 자원으로 주목을 받고 있는 수소를 처음 발견한 사람은 영국의 캐번디시야.

캐번디시는 부유한 집안에서 태어나 개인 별장과 실험실을 소유하고 있었고, 물리학, 화학 등 다양한 분야를 연구했어.

별장은 여기에, 실험실은 저기에 지으면 되겠군.

그래서 그 당시 사람들은 그를 '모든 부자 가운데 가장 학식 있는 사람'이라고 불렀지.

2. 폭발로 발견한 수소

어느 날 캐번디시는 실험실에서 염산과 같은 산성 물질에 철이나 아연 같은 금속을 반응시켜 보니 기체가 발생하는 것을 관찰했어.

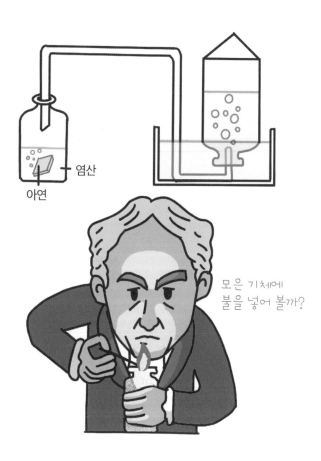

염산

아연

모은 기체에
불을 넣어 볼까?

응? 뭐지?? 폭발하잖아!
금속에서 나온 플로지스톤은
가연성이 있어!

그래, 방금 모은 기체를
'가연성 공기'라고 하자.

캐번디시 역시 플로지스톤 이론을 믿고 있었어 모아진 기체가
금속에서 빠져나온 플로지스톤이라고 생각한 거야.

3. 물(H₂O)은 원소일까?

물의 분자식은 H_2O야.
수소(H)와 산소(O)가 결합해서 물이 되는 거지.
이 또한 캐번디시가 알아냈어.

가연성 공기가 폭발하고 나니까 비커에 물방울이 맺혔잖아….

캐번디시는 자신이 발견한 '가연성 공기(수소)'와 공기 중 어떤 기체가 반응하여
물이 되지 않았을까 생각했지.

캐번디시는 보통 공기에 가연성 공기(수소)를 섞어서 전기 불꽃을 일으켜 보았어.
(주의: 실험 도구는 작가의 상상으로 그린 것임!)

가연성 공기의 무게: 423g
보통 공기의 무게: 1,000g
전기 반응 후 남은
보통 공기의 무게: 800g 정도

결과 분석 ✍

1. 보통 공기 중 200g 정도가 반응
   하는 것을 보니 공기 중 20% 정도
   포함된 기체가 수소와 반응한다.
2. 가연성 공기(수소) 423과 보통
   공기 중 어느 기체(산소) 200이
   반응하여 물이 된다. 그러니까 그
   비율이 2:1이 된다.

캐번디시는 공기 중 산소의 비중이
20% 정도 된다는 것과
물의 분자식, 즉 물(H₂O)을 이루는
H(수소)와 O(산소)의 비율을
알아낸 거야.

4. 4원소설에서 빠진 물

아리스토텔레스가 물은 원소라고 주장하였지만 물 역시 기체들의 혼합물이라는 것을 캐번디시가 밝힌 거지. 이번에는 캐번디시가 아리스토텔레스의 4원소설에서 물을 잘라낸 거야.

아니야~ 아니야~
왜 또 잘라내고 그래!!!

앙투안 로랑 라부아지에

1743~1794

1. 근대 화학의 아버지

앞서 나원소설에 물음표를 붙인 보일, 프리스틀리, 캐번디시 등 화학자들의 발견을 종합해서 근대 화학을 완성한 사람이 있어. 그의 이름은 바로 앙투안 로랑 라부아지에야.
라부아지에가 어떻게 나원소설로 대표되는 연금술을 무너뜨리고 근대 화학의 아버지가 되었는지 알아볼까?

2. 물과 흙의 연결 고리

나원소설에서는 물이 흙으로 변할 수 있다고 보았어. 라부아지에는 실험을 해서 이를 확인해 보기로 했지.

물을 펠리컨 플라스크에 붓고 밀봉한 다음 끓여 보자.

증발한 물은 모두 집기병에서 뭉쳐 다시 물로 변했어.
시간이 어느 정도 지나자 펠리컨 플라스크 안에 가라앉아 있는 것(침전물)이 보였지. 과거 과학자들은 이를 물이 흙으로 변한 것으로 생각했어.

이것 봐~ 물이 흙으로 변했잖아~

역시 아리스토텔레스 말이 맞았어~

하지만 라부아지에는 달랐어.
플라스크와 물과 침전물의 무게를 각각 정밀하게 재 보았지.

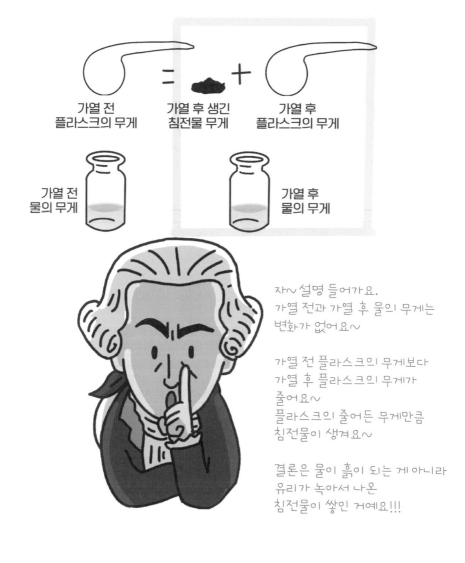

가열 전
플라스크의 무게

가열 후 생긴
침전물 무게

가열 후
플라스크의 무게

가열 전
물의 무게

가열 후
물의 무게

자~ 설명 들어가요.
가열 전과 가열 후 물의 무게는
변화가 없어요~

가열 전 플라스크의 무게보다
가열 후 플라스크의 무게가
줄어요~
플라스크의 줄어든 무게만큼
침전물이 생겨요~

결론은 물이 흙이 되는 게 아니라
유리가 녹아서 나온
침전물이 쌓인 거예요!!!

물이 흙으로 변할 수 있다는 나원소설의 연결 고리가 끊어지는 순간이었어.

3. 산소의 아버지

이전의 화학자들은 플로지스톤 이론에 지배되어 어떤 물체가 연소되면 물체에서 플로지스톤이라는 물질이 빠져나간다고 생각했어.

나 게오르크 에른스트 슈탈을 잊은 건 아니겠지? 나무가 연소하면서 플로지스톤이 빠져나가는 거야~

플로지스톤

＋

재

플로지스톤이 빠져나간다고 하면 연소된 다음에 무게가 줄어야 해. 황에 불을 붙여 보면 알겠지.

어라? 연소된 황이 연소되기 전 황보다 더 무거워졌잖아!!
연소는 플로지스톤이 빠져나가는 것이 아니라
공기 중 어떤 물질과 결합하는 과정이구나!

1776년 라부아지에는 프리스틀리를 만나 탈플로지스톤 공기에 대해 듣게 돼.

라부아지에는 프리스틀리에게 들은 대로 실험을 다시 해 보게 돼.

플로지스톤이란 건 없어.
프리스틀리가 뭘 잘못 알고 있는 거야.
내가 다시 실험해 봐야겠어~

구부러진 플라스크에 수은 113그램(4온스)을 넣고 수조에 거꾸로 세운
유리 종 모양의 유리병과 연결한 다음 수은을 가열했어.

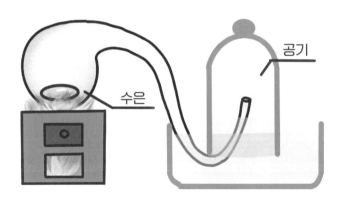

공기

수은

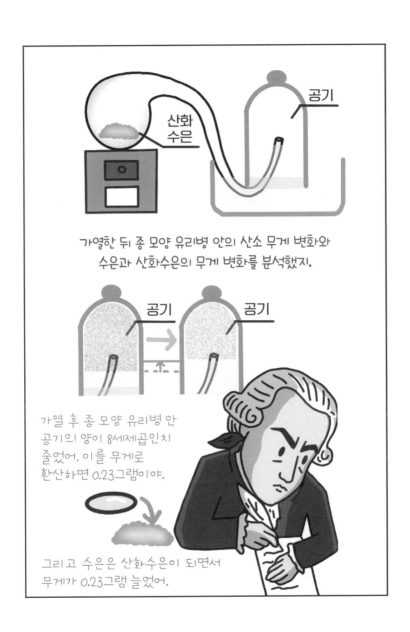

가열한 뒤 종 모양 유리병 안의 산소 무게 변화와
수은과 산화수은의 무게 변화를 분석했지.

공기   공기

가열 후 종 모양 유리병 안
공기의 양이 8세제곱인치
줄었어. 이를 무게로
환산하면 0.23그램이야.

그리고 수은은 산화수은이 되면서
무게가 0.23그램 늘었어.

그는 실험으로 얻은 산화수은으로 프리스틀리 실험을 다시 해.

산화수은을 다시 가열했더니 수은이 되면서 공기의 양이 늘어난 거야.

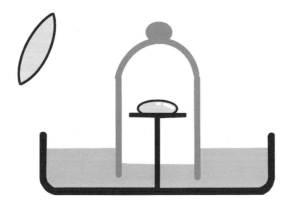

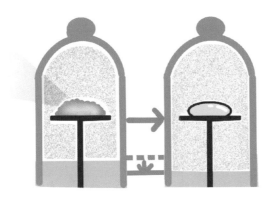

공기의 양이 8세제곱인치 늘었어.
이를 무게로 환산하면 0.23그램이야!!

산화수은은 수은이 되면서
0.23그램이 줄었어!!

내 예측이 맞았어!
연소한다는 것은 물체와 공기 중
어느 기체가 결합하는 거야!

그리고 공기 중 어느 기체는
프리스틀리가 발견한
탈플로지스톤 공기야!!

1779년, 라부아지에는 탈플로지스톤 공기에 산소라는 이름을 붙여.
지금 우리가 말하는 산소의 아버지는 프리스틀리가 아니라 라부아지에인 거지!

4. 4원소설과 플로지스톤 폐기

라부아지에는 이렇게 다양한 실험으로 연소에 대해 다음과 같은 정의를 내려.

연소는 물체가 산소와
화학 반응을 일으켜
빛과 열이 발생하는 과정이다.

라부아지에는 자신의 논문 「플로지스톤 같은 것은 존재하지 않는다」에서 논문 제목 그대로 "불은 원소가 아니고 플로지스톤도 없다"고 주장하지. 아리스토텔레스의 4원소설에서 불의 요소를 버려 버린 거야.

작작 좀 해라!!

불은 원소가 아니야.
아리스토텔레스의 4원소설은
말도 안 되는 이론이야!!

내 가위손!

5. 물 분해 실험

캐번디시가 가연성 공기(수소)를 공기와 반응시켜 물을 만들어 냈다는 소식을
들은 라부아지에는 거꾸로 물을 분해해 보기로 했어.

캐번디시가 물을 만들었다고?
나는 물을 분해하겠어!

1. 물이 지나가는 주철관이 가열되면서 물속에 있던 산소와 주철이
   결합하게 되고 결과적으로 주철관은 녹이 슬고 무게가 증가해.

주철관
+ 산소

2. 남은 수증기와 수소가 냉각되면서 물과 수소로 나뉘는 실험이었지.

6. 화학계의 프린키피아, 『화학 원론』

라부아지에는 평생 계속한 화학 연구의 결과를 요약해서 1789년에 『화학 원론』
이라는 책으로 출간했어. 뉴턴이 그랬듯이 라부아지에도 앞선 화학자들의 발견을
종합 정리해서 근대 화학의 새로운 시작을 알린 거지.

『화학 원론』에서 그는 질량보존의 법칙을 이야기해.

질량보존의 법칙: 화학 변화가 일어날 때 반응물의 총질량과
생성물의 총질량은 같다.

반응 전후에 질량은 절대 변하지 않아요.
제가 앞에서 했던 실험이 다
그 법칙에 따라 진행한 거예요!

다시 말하지만 공기 중에 줄어든
산소의 무게와 수은 무게의 합이
산화수은의 무게와 같았던 실험을
보면 알겠죠?

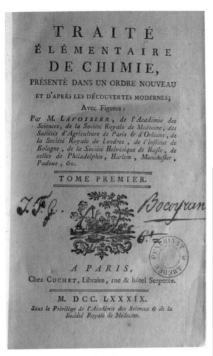

『화학 원론』

그리고 33가지 원소를 발견해
원소표로 만들어 제시했어.
이것이 현대 주기율표의 기반이
되었지.

TABLE OF SIMPLE SUBSTANCES.

Simple fubftances belonging to all the kingdoms of na-
ture, which may be confidered as the elements of bo-
dies.

	New Names.	Correfpondent old Names.
Light	- - -	Light.
Caloric	- - -	Heat. Principle or element of heat. Fire. Igneous fluid. Matter of fire and of heat.
Oxygen	- - -	Dephlogifticated air. Empyreal air. Vital air, or Bafe of vital air.
Azote	- - -	Phlogifticated air or gas. Mephitis, or its bafe.
Hydrogen	- - -	Inflammable air or gas, or the bafe of inflammable air.

Oxydable and Acidifiable fimple Subftances not Metallic.

	New Names.	Correfpondent old names.
Sulphur	- - -	The fame names.
Phofphorus	- - -	
Charcoal	- - -	
Muriatic radical	- -	Still unknown.
Fluoric radical	- -	
Boracic radical	- -	

Oxydable and Acidifiable fimple Metallic Bodies.

New Names.		Correfpondent Old Names.
Antimony	-	Antimony.
Arfenic	-	Arfenic.
Bifmuth	-	Bifmuth.
Cobalt	-	Cobalt.
Copper	-	Copper.
Gold	-	Gold.
Iron	-	Iron.
Lead	-	Lead.
Manganefe	-	Manganefe.
Mercury	-	Mercury.
Molybdena	-	Molybdena.
Nickel	-	Nickel.
Platina	-	Platina.
Silver	-	Silver.
Tin	-	Tin.
Tungftein	-	Tungftein.
Zinc	-	Zinc.

Salifiable fimple Earthy Subftances.

New Names.	Correfpondent old Names.
Lime	Chalk, calcareous earth. Quicklime.
Magnefia	Magnefia, bafe of Epfom falt. Calcined or cauftic magnefia.
Barytes	Barytes, or heavy earth.
Argill	Clay, earth of alum.
Silex	Siliceous or vitrifiable earth.

라부아지에의 원소 분류

여기서 끝이 아니야.
플로지스톤화 공기, 고정 공기와 같은
구식 이름을 버리고
산소, 수소 등 논리적인 명명 체계를
바탕으로 화학 물질의 이름을
새롭게 정립하였고,
그 밖에 다수의 화학적 이론의 기초를
『화학 원론』에 담았지.

7. 단두대의 이슬로 사라진 화학의 아버지

프랑스 혁명 때 세금 징수업에 지분이 있던 라부아지에는 안타깝게도 단두대에서
삶을 마감해.

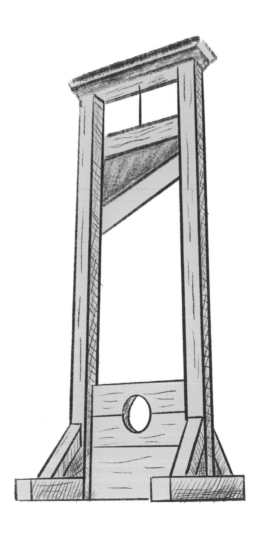

수학자 조제프 루이 라그랑주는 이런 말로 안타까운 현실을 표현했지.

그의 목을 잘라 내는 건 한순간이었지만
그와 같은 머리는 100년이 걸려도
다시 만들어 내기 힘들 것이다.

chapter 5
근대의 과학
의학

베살리우스
1514~1564

윌리엄 하비
1578~1657

마르첼로 말피기
1628~1694

아리스토텔레스의 천동설이 2,000년 가까이 진리로 받아들여졌던 것처럼
의학 역시 갈레노스의 이론이 근대에 이르기까지 정설로 되어 있었어. 하지만
인체를 직접 해부해 보지 않고 동물을 해부하면서 인간의 몸을 간접적으로
상상한 그의 이론은 한계가 있었지. 이에 근대에 이르러 버려진 시신을 훔쳐와
해부해 보면서 해부학 책을 쓰기 시작한 베살리우스, 잘못된 혈액 이론을
바로잡은 윌리엄 하비 등이 과학적인 방법으로 의학 이론을 재정립한 거야.
이번에는 의학 이론을 바로잡은 과학자들의 발견을 알아보자.

베살리우스

1514~1564

1. 사람을 직접 해부하다

1,500여 년 동안 의학의 교본이었던 갈레노스의 이론은 동물을 해부하면서 얻게 된 의학 지식이었어. 그렇기에 인체 구조를 정확히 이해할 수 없었지. 게다가 중세 시대 의학 교수들은 주로 설명만 하고 해부는 조수들을 시켰기 때문에 의학 지식에 오류가 많았어.

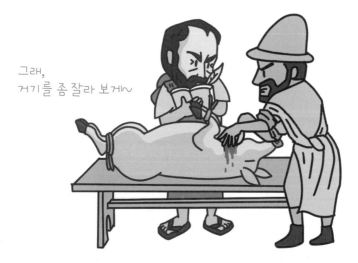

그래,
거기를 좀 잘라 보게~

하지만 이미 많은 사람이 갈레노스의 의학 지식을 교과서로 삼았기 때문에 문제 의식을 갖지 못했던 거야. 1573년 파도바대학의 해부학 교수가 된 베살리우스는 사람의 몸을 정확히 이해하려면 동물이 아니라 사람을 직접 해부해야 한다고 주장했어.

2. 인체의 구조에 관하여

해부는 주로 범죄자들의 시체로 했는데 그의 해부학 강의는 종종 공연 같은 볼거리로 여겨져 돈을 내고 관람하는 사람도 많았다고 해.

이렇게 베살리우스는 자신이 직접 해부하면서
알게 된 의학 지식을 정리해 1543년 『인체의
구조에 관하여』라는 책을 내지. 그는 이 책에서
갈레노스 이론 가운데 200곳 이상이 잘못되었
다고 지적해.

3. 역사의 반복-불편하게 하는 소수를 공격하라

베살리우스는 『인체의 구조에 관하여』가 나온 뒤 보수적인 의학계에서 비판과
공격을 많이 받았어.

『인체의 구조에 관하여』

본문 중에서

다시 말하지만 갈레노스의 의학은
잘못된 게 너무 많아.
인체를 해부해 보면 그걸 바로
알 수 있지!

그 당시 다수는 갈레노스의 의학을 기반으로
의술을 펼쳤으므로 진실을 말하는
베살리우스가 아주 불편하게 느껴졌어.

베살리우스는 이런 다수의 공격에 질려서 『인체의 구조에 관하여』이후에
더는 책을 내지 않았고 대학 교수직으로 돌아가지도 않았지.

코페르니쿠스, 갈릴레이에서 보았듯이 문제의식을 가지고 새로운 것을 발견한 이들은 늘 기존의 것을 믿는 다수에게 공격받는 신세가 된다는 걸 베살리우스 사례에서도 알 수 있었지.

하지만 알지?
진실은 언젠가는 꼭 승리한단다!

윌리엄 하비
1578~1657

마르첼로 말피기
1628~1694

1. 갈레노스의 혈액 이론

이미 베살리우스가 갈레노스의 이론에 잘못이 많다는 것을 발견한 뒤에도
갈레노스의 의학적 지식은 수십 년간 정설로 믿어졌어.

갈레노스는 혈액이 간에서 만들어져 심장의 우심실로 이동하고 작은 구멍을 통해
좌심실로 전달되어 신체의 각 부분으로 보내진 다음 소멸된다고 보았지.

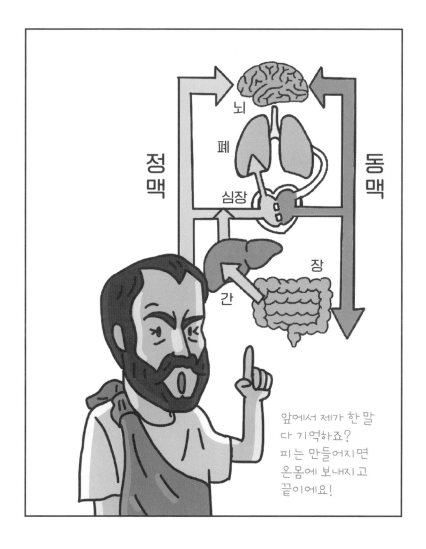

2. 판막의 발견

베살리우스가 교수직을 그만두고 난 뒤 팔로피오에 이어 파도바대학 의학 교수가
된 파브리키우스는 정맥에서 판막을 발견해. 하지만 그것이 어떤 기능을 하는지는
알지 못했지.

정맥에 있는 그것이
어떤 일을 하는지 모르겠어….
해부실 좀 정리해 주게,
하비.

네~ 교수님!

파브리키우스의 제자 윌리엄 하비는
판막을 유심히 관찰하며 그 기능을 상상했어.

뭐지? 이 막의 기능은?

판막 열림 판막 닫힘

그래! 그 막, 판막은 혈액이
한 방향으로만 흐르게 하는
장치 아닐까?

그렇다면 혈액은
소멸되는 것이 아니라
계속 흐르면서 순환하는 건가?

하비는 혈액 순환 이론을 펼치게 되지.

3. 혈액 순환 이론

혈액 순환 이론을 입증하려면 명백한 과학적 증거가 필요했어. 그래서 하비는 다음과 같이 합리적인 이야기를 하지.

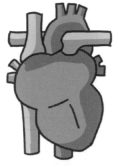

심장의 용적을 실제로 측정해 보면
평균 60cm³이고
60cm³의 무게는
약 56g이야. 사람의 심장이
1분에 72회 수축하니까

$$56g \times 72$$

그리고 한 시간은 60분이니까

$$56g \times 72 \times 60 = 241,920g,$$
약 242kg

사람은 시간당 242kg의
혈액을 만들어 내야 해.
그런 양의 혈액은
음식을 아무리 많이 먹어도
만들어 낼 수 없어.

혈액은 적은 양의 피가
동맥과 정맥을 통해
순환하는 거야!!!

팔을 중간 세기로 묶으면 정맥이
막혀서 끈 아랫부분이 부풀어.
이것은 정맥이 심장 쪽으로 피가
이동하는 통로이기 때문이지.

팔을 아주 세게 묶으면 정맥보다
깊은 동맥이 막히므로 끈 윗부분이
부풀지. 이것은 동맥이 심장 쪽에서
온몸으로 피가 이동하는 통로이기
때문이야.

다시 말해서 동맥과 정맥의
역할은 다른 것이고
이 두 혈관을 통해 혈액은
순환하는 거야!!!

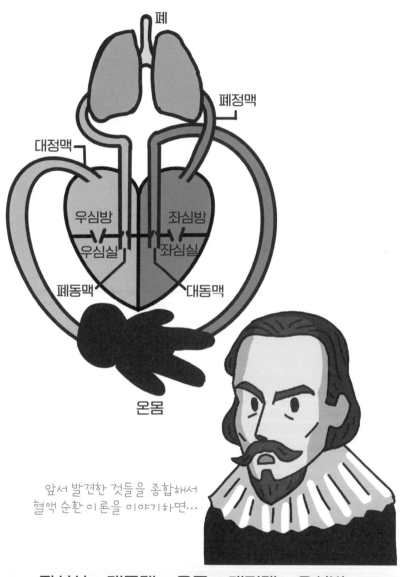

폐

폐정맥

대정맥

우심방   좌심방

우심실   좌심실

폐동맥   대동맥

온몸

앞서 발견한 것들을 종합해서
혈액 순환 이론을 이야기하면…

좌심실 → 대동맥 → 온몸 → 대정맥 → 우심방
↑   ↓
좌심방 ← 폐정맥 ← 폐 ← 폐동맥 ← 우심실

4. 혈액 순환 이론의 완성

이렇게 하비는 갈레노스의 혈액 이론을 무너뜨리고 우리가 상식으로 알고 있는 혈액 순환 이론을 과학적으로 정립했지. 하지만 그의 혈액 순환 이론은 동맥과 정맥 사이는 어떻게 연결되어 있는지에 대한 근거가 충분하지 않아서 완벽하지는 않았어.

그가 죽고 몇 년 지나지 않아 말피기라는 사람이 현미경으로 동맥과 정맥 사이에 있는 작은 실핏줄을 발견해.

말피기의 모세 혈관 모사

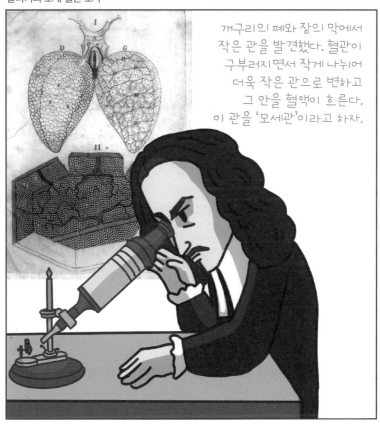

개구리의 폐와 장의 막에서 작은 관을 발견했다. 혈관이 구부러지면서 작게 나누어 더욱 작은 관으로 변하고 그 안을 혈액이 흐른다. 이 관을 '모세관'이라고 하자.

이것은 동맥과 정맥을 이어 주는 모세 혈관이었고, 이렇게 혈액 순환 이론은 새로운 진실로 완벽해진 거야.

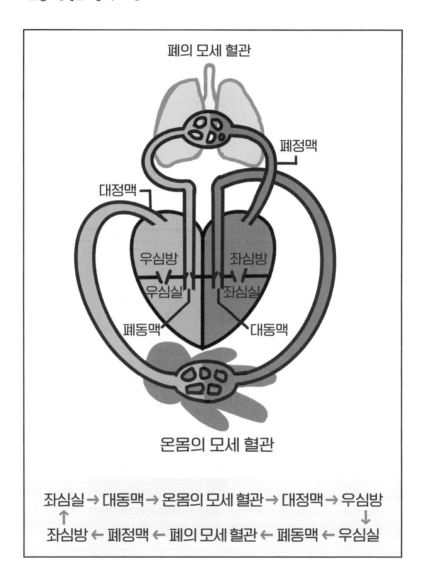

좌심실 → 대동맥 → 온몸의 모세 혈관 → 대정맥 → 우심방
↑
좌심방 ← 폐정맥 ← 폐의 모세 혈관 ← 폐동맥 ← 우심실

온책읽기도움자료

『그래픽 노블로 읽는 서양 과학 이야기』를 집필하며 지금의 과학에 토대가 된 선대 과학자들의 생각과 실험이 현재 우리가 초등학교에서 가르치고 배우는 과학 교과서에 잘 반영되어 있다는 것을 알게 되었습니다. 이에 책의 내용과 관련된 교과 단원을 제시하여 과학에 흥미를 느낄 수 있는 동기 유발 자료, 또는 보충·심화 학습 자료로 사용할 수 있도록 아래와 같이 책의 내용과 관련 단원 및 활용 방법을 제시합니다.

현장에서 학생들을 가르치는 선생님, 가정에서 아이와 함께 교과서를 살펴보며 자녀를 지도하는 학부모님, 그리고 과학을 공부하는 학생들 모두 교과서 뒤에 숨겨진 흥미로운 과학 이야기를 읽고 좀 더 쉽고 재미있게 과학에 접근할 수 있기를 바랍니다.

그래픽 노블로 읽는 서양 과학 이야기 내용	관련 학년 학기	관련 단원 및 주제	활용 방법
chapter 1. 2_아리스토텔레스 chapter 3. 4_갈릴레오 갈릴레이	3학년 1학기	5. 지구의 모습 〈달은 어떤 모습일까?〉	이 단원은 지구와 달의 겉모습을 살펴보며 달을 관찰하고 지구와 비교해 보는 단원이다. 망원경으로 달을 자세히 관찰하고 아리스토텔레스의 고대 천문학에 물음표를 던졌던 갈릴레오 갈릴레이의 이야기를 읽고 '달 관찰'에 숨겨진 철학적 의미를 함께 전달할 수 있다.

그래픽 노블로 읽는 서양 과학 이야기 내용	관련 학년 학기	관련 단원 및 주제	활용 방법
chapter 1. 2_아리스토텔레스 chapter 4. 1_로버트 보일	3학년 2학기	4. 물질의 상태 〈공기가 있는 것을 어떻게 알 수 있을까요?〉 〈공기는 어떤 상태일까요?〉 〈공기는 무게가 있을까요?〉	고대 사람들은 공기를 원소라고 생각해서 '4원소설'을 주장하였다. 과거 사람들이 공기를 어떻게 생각했는지, 근대에 공기의 개념은 어떻게 정립되었는지 함께 읽다 보면 화학의 시작을 알게 된다.
chapter 1. 1_데모크리토스 chapter 4. 1_로버트 보일	4학년 1학기	5. 혼합물의 분리 〈혼합물이란 무엇일까?〉	공기는 원소가 아니라 다양한 기체의 혼합물이라고 주장했던 과학자 로버트 보일의 이야기와 데모크리토스 편에 나오는 에탄올과 물의 혼합 실험을 함께 읽다 보면, 교과서에서 공부하는 단순한 개념도 많은 과학자의 생각과 과학적 증명 과정으로 정립된 것임을 알게 된다.
chapter 1. 2_아리스토텔레스 chapter 4. 4_헨리 캐번디시 5_앙투안 로랑 라부아지에	4학년 2학기	2. 물의 상태 변화 〈물을 가열하면 어떻게 될까?〉 5. 물의 여행	고대 사람들은 물이 원소라고 생각했지만 근대에 이르러 캐번디시와 라부아지에는 실험으로 물이 수소와 산소가 결합된 혼합물이라는 것을 알아냈다. 고대인들이 생각한 물의 개념에서 현재의 개념으로, 지식의 변천사를 함께 이야기하며 단원에 대한 흥미를 높일 수 있다.
chapter 1. 2_아리스토텔레스 chapter 1. 근대의 과학_천문학, 물리학	5학년 1학기	3. 태양계와 별	현재 우리가 알고 있는 태양계의 모습과 고대인들이 생각했던 태양계의 모습을 비교해 보고 각각의 주장의 근거를 함께 살펴본다. 천문학의 전반적인 흐름과 역사적 의미 등을 이해하게 된다.

그래픽 노블로 읽는 서양 과학 이야기 내용	관련 학년 학기	관련 단원 및 주제	활용 방법
chapter 3. 5_로버트 훅	5학년 1학기	5. 다양한 생물과 우리 생활	현미경을 활용하여 미시 세계를 관찰하는 단원이다. 최초로 현미경을 발명해 미시 세계를 탐구했던 로버트 훅의 이야기와 그가 현미경으로 보고 관찰한 것을 직접 그린 멋진 그림을 함께 보고 이야기 나눌 수 있다. 현미경을 통해 관찰한 내용을 어떻게 기록하면 좋은지에 대해서도 생각해 보자.
chapter 1. 2_아리스토텔레스 chapter 3. 4_갈릴레오 갈릴레이	5학년 2학기	4. 물체의 운동	현대 물리학에서 말하는 '물체의 운동'과 고대인들이 생각한 '물체의 운동'의 차이를 알아본다. 물리학의 집합체라고 할 수 있는 인공위성의 역사가 지석 호기심 충만했던 한 과학자로부터 시작되었다는 사실이 흥미롭게 느껴진다.
chapter 1. 2_아리스토텔레스 chapter 3. 근대의 과학_천문학, 물리학	6학년 1학기	2. 지구와 달의 운동	고대 천동설이 근대에 이르러 지동설에 의해 폐기된 과정을 살펴보고 자연스럽게 지구와 달의 운동을 이해하게 된다. 그 과정에 담긴 과학사적 의미와 철학적 가치도 함께 생각해 보자.
chapter 1. 2_아리스토텔레스 chapter 4. 근대의 과학_화학	6학년 1학기	3. 여러 가지 기체	근대에 이르러 기체에 대한 탐구가 화학의 시작을 알렸다. 산소를 처음 발견한 조지프 프리스틀리, 이산화탄소를 발견한 조지프 블랙의 실험 방법들이 재미있는 그림과 설명으로 고스란히 담겨 있는 책을 읽고, 근대 과학자들의 실험 과정과 내용을 함께 토론해 보자.

그래픽 노블로 읽는 서양 과학 이야기 내용	관련 학년 학기	관련 단원 및 주제	활용 방법
chapter 1. 4_에라토스테네스	6학년 2학기	2. 계절의 변화	이 단원에서는 막대기와 실을 가지고 간단한 태양 고도 측정기를 만들어 그림자와 실이 이루는 각도를 이용해 태양의 고도를 측정하는 실험을 수행한다. 동일한 실험 방법으로 지구의 둘레를 측정한 고대 과학자 에라토스테네스의 이야기를 읽고 함께 이야기 나누어 보자.
chapter 4. 5_앙투안 로랑 라부아지에	6학년 2학기	3. 연소와 소화	연금술에 가려져 다른 과학 영역에 비해 발전이 늦었던 화학은 18세기 들어 연구가 활발해지면서 '플로지스톤' 이론이 주를 이루게 된다. 이 이론을 폐기하고 현재의 연소 개념을 최초로 주장했던 사람이 라부아지에이다. 라부아지에가 새로운 연소 개념을 발견하기까지의 흥미로운 사고 과정을 읽고 나면 화학이 더욱 쉽고 재미있게 다가올 것이다.
chapter 1. 6_갈레노스 chapter 5. 2_윌리엄 하비, 마르첼로 말피기	6학년 2학기	4. 우리 몸의 구조와 기능 〈혈액은 우리 몸에서 어떻게 이동할까?〉	고대 의학자 갈레노스는 혈액이 간에서 생성되어 온몸으로 퍼진 후 사라진다고 주장했고, 이는 수천 년간 진리로 여겨졌다. 근대에 이르러 의학자 윌리엄 하비는 갈레노스의 이론에 문제가 있음을 지적하며 지금 우리가 배우는 '혈액 순환 이론'을 제시하였고, 그의 이론을 완성하는 데 큰 도움이 된 모세 혈관을 발견한 마르첼로 말피기의 이야기가 펼쳐진다. 끊임없는 과학적 상상력과 실험, 증명을 통해 기존 지식을 대체하는 새로운 이론의 등장 과정을 함께하며 과학을 배우는 근본적 이유를 고민해 보자.

참고문헌

1. 손영운,『청소년을 위한 서양 과학사』, 두리미디어, 2004.

2. 조이 해킴,『교양 있는 우리 아이를 위한 과학사 이야기』, 꼬마이실, 2008.

3. 공하린,『세상을 바꾼 과학사 명장면 40』, 살림friends, 2009.

4. 김성근,『서양과학사: 교양으로 읽는』, 안티쿠스, 2009.

5. 칼 세이건,『코스모스』, 사이언스북스, 2010.

6. 박성래,『인물 과학사』, 책과함께, 2011.

7. 존 헨리,『서양과학사상사』, 책과함께, 2013.

8. 박성래,『친절한 과학사』, 문예춘추사, 2015.

9. 정인경,『과학을 읽다: 누구나 과학을 통찰하는 법』, 여문책, 2016.

10. 후타마세 도시후미,『우주와 천체의 원리를 그림으로 쉽게 풀이한 천문학 사전』, 그린북, 2018.

11. 김재훈,『과학자들』, 휴머니스트, 2018.

12. 아가타 히데히코,『재밌어서 밤새 읽는 천문학 이야기』, 더숲, 2018.

13. 곽영직,『14살에 시작하는 처음 물리학』, 북멘토, 2018.

14. 곽영직,『14살에 시작하는 처음 천문학』, 북멘토, 2019.

15. 혼다 시케치카,『그림으로 이해하는 우주과학사』, 개마고원, 2019.

16. 이효종,『과학을 쿠키처럼』, 청어람e, 2019.

17. 로널드 L. 넘버스, 코스타스 캄푸러키스,『통념과 상식을 거스르는 과학사』, 글항아리사이언스, 2019.

18. 헬 헬먼,『과학사 대논쟁 10가지』, 가람기획, 2019.

19. 이완 라이스 모루스,『옥스퍼드 과학사』, 반니, 2019.

20. 곽영직,『인류 문명과 함께 보는 과학의 역사』, 세창출판사, 2020.

21. 제프 베컨,『천문학 아는 척하기』, 팬덤북스, 2020.

22. 다케다 준이치로,『개념, 용어, 이론을 쉽게 정리한 기초 화학 사전』, 그린북, 2020.

23. 정인경,『모든 이의 과학사 강의: 역사와 문화로 이해하는 과학 인문학』, 여문책, 2020.

24. 김명호,『관찰과 표현의 과학사 하늘을 그리다』, 이데아, 2020.

25. 남호영,『코페르니쿠스의 거인, 뉴턴의 거인』, 솔빛길, 2020.

26. 존 그리빈,『과학을 만든 사람들』, 진선북스, 2021.

27. 박민규,『세상의 비밀을 밝힌 과학자들』, 빈빈책방, 2022.

28. 장홍제,『화학 연대기』, EBS BOOKS, 2021.

29. 김성근,『그림으로 읽는 서양과학사』, 플루토, 2022.

30. 김성근,『위대한 과학고전 30권을 1권으로 읽는 책』, 빅피시, 2022.

63쪽 - 지구를 중심으로 도는 태양과 행성들
https://m.dongascience.com/news.php?idx=31224
64쪽 - 아랍어로 쓰인『알마게스트』
https://robbreport.com/shelter/auctions/important-scientific-manuscripts-at-sothebys-2787913/
70쪽 - 이븐 시나의『의학대전』에 수록된 인체 해부도
https://commons.wikimedia.org/wiki/Category:Avicenna#/media/File:Cizelge.JPG
71쪽 - 1595년 베니스에서 인쇄된 라틴어 번역판『의학대전』
https://commons.wikimedia.org/wiki/Category:The_Canon_of_Medicine#/media/File:Avicenna,_Canon_medicinae_Wellcome_L0023859.jpg
90쪽 -『천구의 회전에 관하여』
https://brunch.co.kr/@nplusu/179
95쪽 -『신성에 관하여』
https://commons.wikimedia.org/wiki/File:Tycho_Cas_SN1572.jpg
116쪽 -『새로운 천문학』
https://commons.wikimedia.org/wiki/File:Astronomia_Nova.jpg
116쪽 -『세계의 조화』
https://commons.m.wikimedia.org/wiki/File:Harmonices_Mundi_0001-lg.jpg
119쪽 -『자석에 관하여』
https://commons.wikimedia.org/wiki/File:De_Magnete_Title_Page_1628_edition.jpg
130쪽 - 갈릴레오 갈릴레이의 달 스케치
https://www.astro.umontreal.ca/~paulchar/grps/site/images/galileo.2.html
131쪽 - 갈릴레이가 관측한 목성의 위성(출처: 네이버 블로그 '수재모 INTJ')
https://m.blog.naver.com/magician_e/220371412827
134쪽 - 갈릴레이가 금성을 관찰한 그림(출처: 네이버 블로그 '수재모 INTJ')
https://m.blog.naver.com/magician_e/220371412827
135쪽- 갈릴레이의 태양 스케치
https://commons.wikimedia.org/wiki/Category:Sunspots?uselang=ko#/media/File:Drawing_of_sunspots_Galileo_Galilei_23-06-1613.jpg
135쪽 - 태양의 흑점
https://commons.wikimedia.org/wiki/Category:Sunspots?uselang=ko#/media/File:NASA's_SDO_Observes_Largest_Sunspot_of_the_Solar_Cycle_(15430820129).jpg

136쪽 - 『두 우주 체계에 대한 대화』
   https://commons.wikimedia.org/wiki/File:Dialogo_di_Galileo_Galilei_
   (Firenze,_1632).tif

137쪽 - 『두 우주 체계에 대한 대화』 중에서
   https://en.wikipedia.org/wiki/Dialogue_Concerning_the_Two_Chief_World_
   Systems#/media/File:Galileos_Dialogue_Title_Page.png

142쪽 - 뉴턴의 『프린키피아』 중에서
   https://commons.wikimedia.org/wiki/File:Principia_Page_1726.jpg

144쪽 - 『마이크로그라피아』 속 벼룩 스케치
   https://sojoong.joins.com/archives/21561

145쪽 - 『마이크로그라피아』 삽화 1
   https://en.wikipedia.org/wiki/File:HookeFlea01.jpg

145쪽 - 『마이크로그라피아』 삽화 2
   https://commons.wikimedia.org/wiki/File:Hooke-bluefly.jpg

145쪽 - 『마이크로그라피아』 삽화 3
   https://en.wikipedia.org/wiki/File:Compoundeye.png

145쪽 - 『마이크로그라피아』 삽화 4 '세포'
   https://commons.wikimedia.org/wiki/File:RobertHookeMicrographia1665.jpg

151쪽 - 『프린키피아』
   https://commons.wikimedia.org/wiki/File:NewtonsPrincipia.jpg

225쪽 - 『화학원론』
   https://commons.wikimedia.org/wiki/File:Trait%C3%A9_%C3%89l%C3%A9mentaire_
   de_Chimie_-_DPLA_-_7f69f306652cefd113d85b858be8b900_(page_21).jpg

225쪽 - 라부아지에의 원소 분류
   http://chem125-oyc.webspace.yale.edu/125/history99/2Pre1800/Lavoisier/
   Nomenclature/Lavoisier_on_Elements.html

234쪽 - 『인체의 구조에 관하여』
   https://en.wikipedia.org/wiki/De_Humani_Corporis_Fabrica_Libri_Septem#/media/
   File:Vesalius_Fabrica_fronticepiece.jpg

234쪽 - 『인체의 구조에 관하여』 본문 중에서
   https://en.wikipedia.org/wiki/De_Humani_Corporis_Fabrica_Libri_Septem#/media/
   File:Vesalius_Fabrica_p184.jpg

245쪽 - 말피기의 모세혈관 묘사
   https://commons.wikimedia.org/wiki/Category:Marcello_Malpighi?uselang=ko#/
   media/File:Illustration_of_the_lungs_of_a_frog_Wellcome_L0000102.jpg

그래픽 노블로 읽는
서양 과학 이야기

지은이 인동교
발행처 시간과공간사
발행인 최훈일
책임편집 함소연
디자인 이명애

신고번호 제2015-000085호
신고연월일 2009년 11월 27일

초판 1쇄 인쇄 2023년 6월 12일
초판 1쇄 발행 2023년 6월 19일

주소 (10594) 경기도 고양시 덕양구 통일로 140(동산동 376) 삼송테크노밸리 A동 351호
전화번호 (02) 325-8144(代)
팩스번호 (02) 325-8143
이메일 pyongdan@daum.net

ISBN 979-11-90818-20-9 44080
　　　979-11-90818-18-6(세트)